주의 선하신
치유 능력

Walking in Supernatural Healing Power
by Chris Gore

Originally published in the USA by
Destiny Image a division of Nori Media Group
Shippensburg, PA
Under the title
Walking in Supernatural Healing Power

Copyright © 2013 by Chris Gore

Korean translation Copyright © 2019 by Pure Nard
2F 16, Eonju-ro 69-gil, Gangnam-gu, Seoul, Korea

The Korean edition is published by arrangement with Destiny Image.
All rights reserved.

본 저작물의 한국어판 저작권은 Destiny Image와의 독점 계약으로 '순전한나드'가 소유합니다. 저작권자의 허락 없이 이 책의 일부 또는 전체를 무단 복제, 전재, 발췌하면 저작권법에 의해 처벌 받습니다.

주의 선하신
치유 능력

초판인쇄 | 2019년 11월 25일
초판발행 | 2019년 11월 25일

지 은 이 | 크리스 고어
옮 긴 이 | 안민경

펴 낸 이 | 허철
총   괄 | 허현숙
편   집 | 김은옥
디 자 인 | 한영애
인 쇄 소 | 예원프린팅

펴 낸 곳 | 도서출판 순전한나드
등록번호 | 제2010-000128
주   소 | 서울특별시 강남구 언주로69길 16, (역삼동) 2층
도서문의 | (02) 574-6702
편 집 실 | (02) 574-9702
팩   스 | (02) 574-9704
홈페이지 | www.purenard.co.kr

Printed in Korea

ISBN 978-89-6237-296-0 03230

(CIP제어번호 : CIP2019039534)
이 도서의 국립중앙도서관 출판예정도서목록(CIP)은 서지정보유통지원시스템 홈페이지(http://seoji.nl.go.kr)와 국가자료공동목록시스템(http://www..nl.go.kr/kolisnet)에서 이용하실 수 있습니다.

하/나/님/의 치/유 능/력/으/로 행/하/기

주의 선하신 치유 능력

크리스 고어 지음
안민경 옮김

추천사

크리스 고어의 책 《주의 선하신 치유 능력》은 기적의 하나님과 함께하는 모험과 기쁨의 세계로 독자들을 인도한다. 감사하게도 나는 지금까지 크리스의 갈망을 직접 지켜보았다. 하나님을 향한 그의 열정과 고통 받는 자들에 대한 열의와 사랑이 놀라웠다. 중요한 것은 그가 아픈 이들을 위해 기도하고 열매를 보지 못하더라도 열정이 꺾이지 않았다는 사실이다. 그는 꿋꿋이 해냈다. 그는 자신을 통해 치유의 역사가 일어나는 것을 보기 위해 전 세계를 다니며 돌파를 활성화하려고 노력했다. 이 책은 초자연적 삶을 기대하는 사람들에게 용기를 줄 것이다. 그의 놀라운 돌파breakthrough는 당신의 돌파가 될 것이다.

빌 존슨Bill Johnson
벧엘교회 목사 ·
《하늘이 땅을 침노할 때》, 《왕의 자녀의 초자연적인 삶》의 저자

강력한 치유의 기름 부음을 받은 크리스 고어는 치유에 대한 진리의 말씀을 명료하게 전한다. 크리스는 탁상공론을 하는 신학자가 아니라, 치유를 행하는 사역자다. 그는 치유하시는 하나님의 능력에 관하여 많은 이야기를 재미있게 기록한다. 이 책에는 흥미롭고 교훈적인 진리와 간증이 수록되어 있다. 크리스의 새로운 책 《주의 선하신 치유 능력》을 읽은 당신은, 당신의 것이 될 축복을 놓치고 싶지 않을 것이다.

랜디 클락Randy Clark
초교파적 치유 사역 기관인 글로벌 어웨이크닝 설립자이자 대표

크리스 고어의 《주의 선하신 치유 능력》은 모든 성도가 소장해야 할 책이다. 당신은 설교단에 서는 사람 또는 영적 슈퍼스타만 치유를 행할 수 있다고 생각할지 모른다. 이 책은 그런 편견을 깨뜨릴 것이다. 크리스는 당신에게 초자연적 사역에 접근하는 방법을 제시한다. 그는 난해한 문제들을 정면에서 논하며, 죄와 실망감 등 통상적으로 치유에 방해가 되는 것들을 다룬다. 궁극적으로 그는 이 책을 예수님 중심으로 엮었다. 나는 이 책이 전 세계의 교회에 초자연적 치유가 임하고 활성화되는 데 크고 강한 영향을 미칠 거라고 믿는다. 하나님의 치유 능력으로 흘러들어갈 준비를 하라.

래리 스팍스Larry Sparks
데스티니 이미지 출판사 이사, 보이스 오브 데스티니 라디오 진행자

이 책의 메시지는 당신의 삶을 변화시킬 것이다. 당신이 이 책을 읽으면서 하나님의 음성에 귀 기울인다면, 자아를 보는 방식에 혁신이 일어나고 마음이 새로워져 당신은 물론 주변 사람들의 삶에 극적인 변화를 낳을 것이다. 나는 오랫동안 치유에 대한 많은 책을 읽었지만, 크리스 고어의 《주의 선하신 치유 능력》만큼 문제의 정곡을 꿰뚫는 책은 없었다. 그는 하나님의 치유 능력을 경험하지 못하도록 가로막는 장애물을 실제적 방식으로 열거하며, 하나님의 음성과 성품에 전적으로 순종하는 삶의 특징을 설명한다.

론다 라날리Ronda Ranalli
데스티니 이미지 출판사 대표

누구나 크리스 고어와 5분 이상 함께 있다 보면 그의 열정에 영향받을 수밖에 없다. 그에게는 하나님을 향한 열정, 오늘날 세상 가운데 하나님의 나라를 나타내려는 열정이 있다. 그리고 그리스도의 지체들에게 부르심 받은 모든 영역에서 권한 위임을 충만히 받고 행하게 하려는 열정이 있다.

이 책의 목적은 단순히 정보를 전달하는 것이 아니다. 당신은 권한 위임, 용기, 계시의 여정에 승선할 것이다. 크리스는 철저히 성경을 토대로 자신이 겪은 고난, 아픔, 돌파, 승리의 이야기를 전한다. 초자연적 치유 능력에 대하여 명확한 이해의 문을 열어주고, 앞으로 나아갈 확신을 갖고 우리를 통한 하나님의 능력을 볼 수 있도록 실제적 방법을 제공한다. 그래서 하나님과 하나님의 사람들을 향한 그의 열정과 사랑이 각 페이지에서 빛을 발한다. 이 책은 하나님 영광의 현현 및 치유 사역의 증진을 보기 원하는 모든 목자, 교회, 힐링 룸의 표준서가 될 것이다.

트렌트 허드슨Trent Hodson
뉴질랜드 오클랜드의 리버티 크리스천 교회 부목사

《주의 선하신 치유 능력》은 치유의 영역에서 더욱 성장하고 성취하기를 바라는 이들에게 엄청난 용기와 도움을 준다. 크리스 고어는 치유에 대하여 방대한 이론적 지식과 삶의 여정을 통해 많은 경험을 했다. 그러한 도전, 싸움, 돌파 등으로 인해 그의 메시지가 더욱 진정성 있고 현실적으로 다가온다.

루디 알토퍼Ruedi Altorfer
스위스 빈터투어 교회 목사

나는 크리스의 훌륭한 치유 기적뿐 아니라 그의 성실함, 기분 좋은 정직함과 유머 감각, 가정적인 면모를 좋아한다. 하지만 그 무엇보다 크리스가 성령의 친구라는 사실이 제일 좋다. 그의 치유는 친밀함과 정체성에서 흘러나온다. 크리스는 우리가 누구이며 누구의 소유인지 가르쳐 준다. 이 책은 누구나 관련 있는 치유를 다룬다. 기도할 때 성령을 느끼지 못하거나, 치유 받은 사람을 본 적이 없거나, 치유가 일어나는 것을 간헐적으로만 보거나, 누군가 치유 받지 못한 것 때문에 하나님께 마음이 상해 있거나, 다른 단계로 나아가기 원하는 사람이라면, 이 책은 당신의 생각과 마음을 준비시켜 예수님의 치유 사역으로 이끌어 줄 것이다.

짐 베이커Jim Baker
오하이오 파월의 시온 크리스천 펠로우십 교회 부목사

벧엘교회 힐링 룸의 이사, 순회 치유 사역자이자 선생인 크리스 고어가 대단한 일을 이루었다. 당신은 치유의 지식과 이해와 탐구를 이제 막 시작할 수도 있고, 벌써 치유자로서 준비되어 있을 수 있다. 그러한 당신에게 이 책은 하나님의 초자연적 영역에 대한 계시와 부르심 받은 영역에서 사역을 성취할 수 있는 방법을 제공한다. 말씀을 확증하는 치유 간증과 함께 진리의 말씀이 당신에게 믿음을 선사할 것이다. 크리스는 골로새서 3장 2절 말씀이 역사하도록 다음과 같이 권한다. "위의 것을 생각하고 땅의 것을 생각하지 말라." 우리는 병자를 치유하는 것이 우리의 능력이 아닌 하나님의 능력이라는 사실을 생각하게 된다. 우리를 통해 사람을 치유하는 것이 주님의 뜻이며, 이 땅에 그 능력을 가져오는 비결은 우리와 그분의 관계에 있다.

칼 피어스Cal Pierce
힐링 룸 미니스트리 국제 이사

헌사

❧

훌륭한 아내 리즈와 세 딸 샬롯, 엠마, 소피에게 이 책을 헌정합니다.

리즈, 당신은 지금까지 최고의 용기와 감동으로 나를 도와주었습니다.

내가 이 책을 쓸 수 없다고 생각한 순간에도,

해낼 수 있다고 끊임없이 신뢰해 주었습니다.

가족 모두를 진심으로 사랑합니다.

감사의 글

그동안 가르침을 주신 인생의 많은 영적 부모님께 경의를 표하고 싶습니다. 나의 사고가 새롭게 정립되고 하나님이 원하시는 사람이 되도록 도와주신 빌 존슨, 크리스 발로톤, 랜디 클락 목사님께 진심으로 감사합니다.

이분들이 내 인생에 하나님 나라의 가치관을 세워주셨습니다.

저자 주

이 책에서 나누는 간증의 능력은 매우 강력하다. 간증과 관련된 사람들을 보호하고 그들이 하나님의 마음으로 충만하여 치유 사역할 수 있도록 이름과 성별을 바꾸었다.

수록된 간증의 저작권을 요구하지 않은 데스티니 이미지 출판사에 감사드린다. 간증에 대한 저작권료가 없다는 사실이 내게는 얼마나 큰일인지 모른다. 사실 간증은 예수님의 간증이다.

주의 증거들로 내가 영원히 나의 기업을 삼았사오니 이는 내 마음의 즐거움이 됨이니이다(시 119:111).

목차

추천사	4
감사의글	9
들어가는 글	12

1장 :	견고한 기반	15
2장 :	분내지 마라	27
3장 :	큰 믿음의 비결	45
4장 :	의심을 제거하자	59
5장 :	현실 VS 진리	73
6장 :	천국 전하기	91
7장 :	하나님의 은혜와 우리의 노력	109
8장 :	감사의 능력	117

9장 : 겸손의 능력	123
10장 : 기억의 능력	135
11장 : 치유의 장애물이 있는가	151
12장 : 임파테이션의 능력	159
13장 : 예수님과의 관계	167
14장 : 희망의 포로	179
15장 : 자주 묻는 질문	185
16장 : 치유 부흥사의 핵심 가치	197

들어가는 글

　불과 몇 년 전만 해도 주님께서 우리를 그분의 가족으로 받아들이려 하신 여정을 상상조차 할 수 없었다. 나는 초자연적 흐름을 간절히 보고 싶었고, 10년이 넘도록 아무 열매 없이 천여 명의 사람을 위해 기도해 왔다. 그런데 2005년도에 모든 것이 변화되었고, 오늘날 나는 예수님의 치유와 기적의 능력으로 감동받은 수천 명의 사람을 기쁘게 바라보고 있다.

　내가 간절히 바라는 것은, 그리스도의 몸이 일어나 그들의 정체성과 부르심을 깨닫는 것이다. 그래서 예수님이 고난의 보상을 충만히 받으시기를 소망한다. 나는 그리스도의 몸이 초자연적 경험을 하고, 초자연적 경험이 말씀과 맞춰지기를 갈망한다. 하나님의 말씀을 알고 말씀의 인도를 받아 하나님을 만나는 사람들을 보는 것은 큰 기쁨이다.

　초자연적 능력을 행하기 위한 공식이나 마술 지팡이는 없다. 오직 마음의 각성이 필요하다. 이 책은 더욱 높은 차원의 기적과 치유 영역으로 들어가기 위한 초자연적 사역의 원리를 담고 있다. 무엇보다 이 책의 핵심은 치유의 마음을 설명하는 데 있으며, 당신을 부르심으로 이끌어 하나님과 더 깊은 관계를 맺도록 도와줄 것이다. 당신이 한번은 꿈꾸었듯이 믿기 어려운 삶의 결실을 보기 시작할 것이다. 치유 사역에는 종종 수수께끼 같은 일들이 있다. 이 책의 중점은 가능한 그런 일을 이해하기 쉽게 설명하는 것이다. 그러면 더욱 많은 교회가 준비되고 권능을 받아 '우리 모두 예수님의 초자연적 권능으로 치유를 행하도록 부르심 받았다'는 사실을 나타낼 것이다.

당신은 초자연적 치유의 길로 전진하는 한 남자의 여정을 읽으며 도전과 감동을 받을 것이다. 예수님께서 지불하신 모든 것을 얻기 위해 그분께 순복하는 사람이라면 누구든지 하나님께 쓰임 받는다. 당신은 그들을 통해 하나님께서 무엇을 하실 수 있는지 보게 될 것이다.

1
견고한 기반

1990년 어느 날, 나는 부목사님을 찾아가서 돌파가 있을 때까지 평생 금식할 것이라고 선포했다. 나는 그분이 그만두라고 설득해 주시기를 바랐지만, 조심하라는 위로의 말 한마디가 전부였다. 그래서 나는 끝까지 금식하기로 다짐했다. 첫째 날은 괜찮았는데, 둘째 날부터 배가 고파지기 시작하더니, 셋째 날이 되어서는 죽을 것 같았다. 그러던 어느 날 밤, 퇴근하고 집에 돌아와 소파에 주저앉아 아내에게 말했다. "배가 너무 고파서 죽을 지경이야." 아내는 두 가지 선택을 제안했다. 금식을 그만두고 먹든지, 아니면 죽음을 택하라는 것이었다. 만일 후자를 택한다면, 조용히 계속하면 될 것이다. 아내는 웃으며 방을 나갔지만, 나는 너무 괴로웠기 때문에 결정을 내려야 했다. 결국 금식을 중단하고 냉장고로 다가가서 소시지 한 봉지와 빵 한 조각을 꺼내어 먹었다. 금식하다가는 정말로 죽을 것 같다는 생각이 들어서 먹었는데 오히려 기분이 더 나빠졌다.

나는 우리가 아무리 애를 써도 결코 충분하지 않다는 사실을 깨달았다. 당신은 성경 세 장을 읽었다. 그런데 원수가 와서 말한다. "네가 만일 여섯 장을 읽었다면 돌파했을 거야." 또 60분간 기도했는데, 바로 그 음성이 말한다. "너는 2시간 동안 기도했어야만 해. 그랬다면 돌파했을지도 몰라." 당신이 21일간 금식하면, 참소하는 자의 정죄하는 목소리가 귓가에 들린다. "네가 연달아 21일을 또 금식했다면 필요한 것을 얻을 수 있었을 거야."

종종 우리는 하나님의 역사를 보거나 그분을 기쁘게 해 드리려고 필사적으로 과업에 매달린다. 우리가 행한 일들 때문에 하나님의 사랑을 더 받게 될 거라고 그래서 초자연적인 것이 흐르게 될 거라고 착각하기 때문이다. 우리는 이런 생각 때문에 하나님의 사랑으로 일하는 것이 아니라, 하나님의 사랑을 위해 일하게 된다. 그분이 나를 얼마나 사랑하고 아끼시는지에 대한 계시가 부족해서, 그분의 사랑을 위해 열심히 일하며 여러 해를 보냈다. 아마 많은 그리스도인이 자신을 향한 하나님의 사랑을 알 것이다. 그러나 그들에게 물으면, 그 사랑이 얼마나 큰지에 대한 계시가 전혀 없다. 그들이 하나님의 사랑을 지식으로는 알아도 하나님이 그들에 대해 인내만 하시는 분이라는 거짓을 믿고 있을지 모른다. 하나님은 우리와 시간을 보내시고 우리가 원하는 것을 함께하기 원하신다.

사랑으로 일하기

우리가 그분의 사랑, 은혜, 선하심에 대하여 계시를 받으면 우리를 향한 그분의 사랑보다 더 큰 사랑이 없다는 사실을 이해할 것이다. 사도 베드로와 요한은 내가 좋아하는 성경 인물이다. 그들은 서로 상당히 다른 것 같다.

> 예수의 제자 중 하나 곧 그가 사랑하시는 자가 예수의 품에 의지하여 누웠는지라 요 13:23

이 성경 구절은 요한을 "그(예수)가 사랑하시는 자"라고 표현한다. 우리는 예수님이 요한을 가장 사랑했다는 사실을 알 수 있다. 그런데 흥미로운 점은, 이 구절이 요한이 기록한 요한복음에서만 보인다는 사실이다.

요한은 정확히 무엇을 하고 있었는가? 예수님이 모든 제자를 깊이 사랑했다는 사실은 의심할 여지 없이 자명하다. 그러나 요한은 분명 다른 제자들에게는 없는 계시를 갖고 있었을 것이다. 요한은 자신이 사랑받는다는 사실을 알았다. 그렇다면 요한은 예수님의 임재와 사랑을 누리는 방법을 가장 잘 알고 있었을까?

마지막 저녁 식사를 하던 밤, 예수님은 제자들이 납득하기 어려운 말씀을 하셨다. 그분은 그들이 모두 예수님을 배신하고 저버릴 것이라고 말씀하셨다.

그들 모두가 두말할 나위 없이 예수님을 매우 사랑했기에 충격이 컸을 것이다. 예수님이 이 말씀을 하셨을 때 베드로가 예수님 옆에 있었다. 베드로는 기본적으로 다른 제자들이 그분을 저버릴 것이라는 사실에 동의하면서 자신은 아니라는 사실을 예수님께 강조했다.

> 베드로가 여짜오되 '다 버릴지라도 나는 그리하지 않겠나이다'
> 예수께서 이르시되 '내가 진실로 네게 이르노니 오늘 이 밤 닭이 두 번 울기 전에 네가 세 번 나를 부인하리라'
> 베드로가 힘있게 말하되 '내가 주와 함께 죽을지언정 주를 부인하지 않겠나이다' 하고 모든 제자도 이와 같이 말하니라 막 14:29-31

요한복음 13장 23절은 최후의 만찬 장면이다. 내가 언급한 베드로와 요한을 포함하여 모든 제자가 예수님과 함께 있다.

이 식탁에서 우리는 두 종류의 그리스도인을 볼 수 있다. 하나는 '돌' 또는 '반석'을 뜻하는 이름의 베드로다. 그 뜻을 자세히 해석하면 '율법'을 의미한다. 베드로는 우리 모두가 그렇듯이 주님을 향해 사랑을 선포하는 성도를 나타낸다. 요한의 이름은 '사랑받는', '사랑받는 자'라는 뜻으로, 자세히 해석하면 '은혜'를 의미한다. 요한은 예수님의 가슴에 기대어 그분의 사랑에 의지하고 있다. 그는 자신을 향한 주님의 사랑을 선포하는 성도를 나타낸다. 하나는 율법 아래 있는 그리스도, 다른 하나는 은혜 아래 있는 그리스도인을 대표한다고 볼 수 있다.

그러나 그 밤이 지나기 전, 예수님을 얼마나 많이 사랑하는지 큰소리치던 제자가 세 번이나 부인했다. 반면에 주님의 사랑에 의지하던 제자는 가장 필요한 때에 예수님을 섬기는 자리에 있었다.

최후의 만찬이 있던 밤에 예수님께서 말씀하셨다. "너희 중 한 명이 나를 팔 것이다." 베드로와 요한이 물었다. "그게 누구입니까?" 심지어 베드로는 예수님과 멀찍이 떨어진 곳에 있었다. 어째서 베드로는 예수님께 누가 배신할지 물었을까?

예수님은 제자들이 그분을 저버릴 것이라는 사실을 알고 계셨다. 베드로는 자신을 향한 예수님의 견고한 사랑이 아니라 예수님에 대한 자신의 사랑을 믿고 있었다. 그래서 예수님이 그를 필요로 하실 때 그분을 저버리고 말았다.

예수님은 제자들이 그분을 버릴 것이라고 말씀하셨다. 그날 밤 요한 역시 예수님을 저버렸다. 하지만 예수님의 관계가 그분이 얼마나 자신을 사랑하시는지에 대한 확신 위에 세워져 있었기에, 동산에서 그분을 저버렸음에도 실패를 딛고 일어나 예수님이 필요로 하시는 때 그분 앞에 설 수 있었다.

요한은 예수님과 함께 십자가에 있던 열두 제자 중 한 명이다. 아마도 다른 제자들은 착잡한 마음으로 정죄에 빠져 있었을 것이다. 베드로는 자격지심과 정죄감에 사로잡혔지만, 요한은 십자가의 발 앞에 있었다. '자신이 얼마나 예수님을 사랑하는지'가 아니라, '예수님이 얼마나 자신을 사랑하는지'에 기반을 둔다는 사실을 분명히 이해하고 있었기 때문이다.

많은 사람이 치유와 기적의 삶을 살기 원한다. 또는 자신들이 하나님을 얼마나 사랑하는지를 치유의 기반으로 삼으려 한다. 2년 전 나는 어떤 여성의 메일을 받았다. 그녀는 자신이 온 마음과 목숨과 뜻을 다해 주님을 사랑하는데도 치유받지 못하는 이유를 물었다. 내가 그 메일을 읽는 순간, 십자가는 그분을 향한 우리의 사랑이 아니라, 우리를 향한 그분의 사랑을 나타내는 것이라는 분명한 주님의 음성을 들었다.

치유와 기적의 삶을 살기 위해 우리는 세상을 향한 그분의 사랑에 기반을 두어야 한다. 나는 마태복음 22장 37절을 다각도로 접근해 보았다. 언급된 문맥에 말씀을 인용하는 것은 언제나 중요하다. 성경에 예수님의 말씀은 빨간색으로 표시되어 있다. 이 말씀을 문맥으로 가져오면 다음과 같다.

예수께서 사두개인들로 대답할 수 없게 하셨다 함을 바리새인들이 듣고 모였는데

그중의 한 율법사가 예수를 시험하여 묻되

'선생님 율법 중에서 어느 계명이 크니이까'

예수께서 이르시되 '네 마음을 다하고 목숨을 다하고 뜻을 다하여 주 너의 하

나님을 사랑하라' 하셨으니 마 22:34-37

나는 마음과 목숨과 뜻을 다해 주님을 사랑한다. 그분을 깊이 사랑하며 그분을 위해서라면 무엇이든 할 것이다. 이 땅에 천국의 실재를 풀어놓기 위해 내 삶을 바칠 것이다. 값을 치르신 것을 모두 받으시는 예수님을 볼 수 있어 감사하다. 그러나 먼저 내가 얼마나 사랑받고 있는지를 알고 믿는 것이 기반이어야 한다.

사랑은 여기 있으니 우리가 하나님을 사랑한 것이 아니요 하나님이 우리를 사랑하사…우리가 사랑함은 그가 먼저 우리를 사랑하셨음이라 요일 4:10, 19

사역 중에 다음과 같이 질문하는 사람들을 많이 만났다.
"저는 하나님을 정말 사랑해요. 그런데 왜 제 삶에 하나님의 능력이 나타나지 않을까요?" 나는 그들의 눈을 바라보며 그들이 얼마나 많은 사랑을 받는지 아느냐고 묻는다. 자신이 얼마나 많은 사랑을 받는지에 대해 내 눈을 보고 말하는 사람은 거의 없다. 대부분의 사람이 눈길을 돌리거나 고개를 숙이고 화제를 돌린다. 우리는 우리를 향한 아버지의 사랑에 대하여 더욱 큰 계시가 필요하다.
나는 마음과 목숨과 뜻을 다해 하나님을 사랑한다고 믿지만, 먼저 내가 얼마나 사랑받는지를 알 때 사랑에 빠질 수밖에 없다. 내 사랑은 내가 얼마나 사랑받는지를 알 때 부수적으로 따라오는 결과물이다.

몇 년 전, 나는 한 해 동안 '111'이라는 숫자를 셀 수 없이 자주 마주쳤다. 그분은 자연, 숫자 등을 통해 다양한 방법으로 말씀하신다. 나는 똑같은 숫자를 너무 자주 보다가 급기야는 두려워졌다. 정기적으로 '111' 비행기를 탔고, 아이폰을 꺼내 시간을 확인할 때면 '1:11'이 화면에 보였다.

네브래스카에서 사역하던 어느 날, 나는 덴버 공항까지 5시간을 운전했다. 오후 11시에 사역을 마치고 오전 6시에 비행기를 타야 해서 밤새 운전을 해야 했다. 덴버를 향해 가는데, 눈을 뜨고 있기 어려웠다. 잠이 쏟아졌지만, 머리를 흔들며 깨어 있으려 노력했다. 그러다 어느 순간 앞으로 고꾸라지면서 대시보드를 들이받고는 깜짝 놀라 용수철처럼 튀어오르다 좌석 등받이에 머리를 부딪쳤다. 잠은 완전히 달아났고, 창문 밖에 덴버까지 111마일이라고 기재된 도로 표시판이 보였다. 덴버에 도착해 새크라멘토로 날아가서 그곳에 도착해 휴대폰을 켜고 시간을 확인하니 오후 1시 11분이었다. 나는 말했다. "하나님, 알겠습니다. 제게 하시고 싶은 말씀이 무엇인가요?"

나는 그분의 말씀을 선명하게 기억한다. "나는 그것을 네게 숨겨 놓지 않았다. 그러니 찾아보아라." 내가 알고 있는 1:11 또는 11:1 관련 구절을 모두 찾아보았고 좋은 말씀이 많이 보였지만, 그분이 내게 보이시기 원하는 것은 아니었다. 그리고 좋은 구절만 있는 것도 아니었다. 내가 이 글을 쓰는 순간조차 컴퓨터 배터리 잔량 표시를 보니 1시간 11분이 남아 있다.

몇 주 후, 나는 하나님께 말씀드렸다. "하나님, 하나님께서 성경으로 제게 무언가를 말씀하시려 한다면, 저는 그것을 못 찾은 것 같습니다. 저는 1:11 또는 11:1 관련 구절을 샅샅이 찾아보았습니다."

"네가 하나를 놓쳤다."

"아닙니다. 저는 말씀을 전부 찾아보았습니다."

"네가 하나를 빼고 전부 찾아보았다. 마가복음 1장 11절을 보아라."

성경에서 해당 구절을 읽었다. "하늘로부터 소리가 나기를 너는 내 사랑하는 아들이라 내가 너를 기뻐하노라 하시니라"(막 1:11).

나는 '111'이라는 숫자를 볼 때마다 나를 향한 그분의 기쁨을 누리면서 회복하는 시간을 갖는다. 그리고 내가 매우 사랑받는 아들이라는 사실에 즐거워하며 안식한다.

하나님은 이 땅의 아버지와는 비교할 수 없는 분이다. 육신의 아버지는 당신을 거절할 수도 있지만, 하늘 아버지는 완전하게 당신을 받아들이고 사랑하신다. 하나님이 당신을 사랑해서 당신을 위해 모든 것을 내어주셨다. 마치 당신이 유일하게 살아 있는 존재인 것처럼 말이다.

당신이 어떤 행위를 해서 하나님의 사랑을 받는 것이 아니다. 당신이 예배를 드린다고 해서 하나님의 사랑을 받는 것이 아니다. 하나님이 그러하시기 때문에 당신을 사랑하시는 것이다. 그분은 사랑의 하나님이시다.

하나님이 당신을 지극히 사랑하고 인정하시는 사랑의 아버지라는 사실을 기반으로 살아갈 때, 당신은 온 마음과 목숨과 뜻을 다해 주님을 사랑할 것이다. 당신 안에 있는 그분, 그분 안에 있는 당신의 정체성으로 인해 기적이 흐르는 기반이 확립될 것이다.

2

분내지 마라

당신의 모습 그대로 사랑해 주시는 아버지를 섬기며, 그분이 인정과 사랑의 아버지요 선한 것을 주시는 분이라는 사실 위에 정확하고 안전하게 자리 잡고 서지 않으면, 당신은 고난이 닥칠 때 이렇게 말할 것이다. "하나님, 저한테 왜 이러십니까?" 결국 우리는 하나님을 비난하고, 선하신 하나님은 상황을 통해 우리를 인도하시지 못한다.

나는 인도 남부에서 순회 사역을 하는 동안 결정의 순간에 맞닥뜨렸다. 랜디 클락과 함께 치유 선교에 참여하려고 인도로 갔다. 2006년 1월의 어느 따뜻한 주일, 아이들의 삶에 특별한 일을 행하기 원하신다는 주님의 말씀을 들었던 것 같다. 저녁 집회 전에 친구의 교회에서 주일 아침 설교를 할 기회가 생겼다. 그런데 교회에 도착해 보니 아이들이 모두 아침 일찍 교회학교 예배를 드렸기 때문에 집으로 돌아가고 없었다. 아무래도 주님의 음성을 잘못 이해했나 보다 생각하면서 계속 예배 드리려 하는데, 통역사가 보이지 않았다. 그들은 통역사가 도착할 때까지 90분 정도 기다려 달라고, 그리고 그가 도착하면 90분을 설교해 달라고 부탁했다.

그날의 기억이 생생하게 떠오른다. 내가 좋아하는 주제, 즉 하나님의 선하심에 대해 설교했다. 우리의 환경이 하나님의 선하심을 결정짓지 않는다는 내용이었다. 설교가 끝나자, 하나님의 선하심이 메마른 땅 위에 아낌없이 부어졌다. 나는 하나님의 선하심이 선포될 때 그분이 나타나실 수밖에 없다는 사실을 깨달았다. 그날 아침에 믿기 어려운 기적이 일어났다.

눈먼 자, 귀먹은 자, 다리 저는 자들이 치유받았다. 우리는 머리부터 발끝까지 발진으로 덮인 아기를 넘겨받았다. 증상이 심각하고 위태로웠다. 그런데 우리 눈앞에서 발진이 마르더니 새 살로 덮이기 시작했다. 다음 날 아침, 잠에서 깨어난 아기의 피부가 머리부터 발끝까지 완전히 새롭게 되었다는 소식을 들었다. 사방에서 아이들이 몰려들었고 기적과 치유가 넘쳐흘렀다.

위장병을 앓고 있는 열세 살가량의 소년이 있었다. 그는 기도를 받고 하나님의 능력으로 바닥에 쓰러졌는데, 20분 정도 의식을 잃었다가 정신을 차리고 일어나 앉으며 물었다. "제게 오셔서 위장을 꺼내 깨끗하게 하시고 다시 넣어 주신 분은 누구에요?" 어린 소년은 그날 고통에서 치유되어 예배실을 나갔다. 그날 아침 많은 기적이 일어났다. 그 교회에 225명이 모인 가운데 157건의 기적이 일어났다. 정말 멋진 날이었다.

우리는 점심 식사를 하고 호텔로 돌아갔다. 셔츠를 갈아입은 후 버스를 타고 수많은 사람이 기다리고 있는 전도 현장으로 갔다. 주님께서 내게 하신 말씀의 성취는 시작에 불과하다는 생각이 들었다. 그다음에 일어난 일은 실로 충격적이었다. 5년이 지난 지금도 그 당시의 감정이 생생하게 느껴진다. 그날은 전도 운동의 마지막 밤이었다. 설교가 끝나자 사역팀이 병자들과 죽어가는 사람들에게 하나님 나라를 풀어놓기 시작했다. 우리는 10만 달러를 모금해서 빌린 트럭으로 30마일 떨어진 지역의 수많은 병자와 죽어가는 사람들을 예배실로 데려왔다.

8일이 지나는 동안 이런 역사는 처음이었다. 우리가 군중 속을 걷고 있을 때 누군가 안전선 너머로 어린 아기를 내 품으로 던지다시피 했다. 감사하게도 그 아기는 치유되어 돌아갔다. 아이들이 한 명씩 차례로 오고 갔다. 어떤 부모는 자녀의 축복을, 어떤 부모는 자녀의 치유를 원했다. 예수님은 모두를 치유하셨다. 나이 지긋한 한 여성이 군중 속에서 내 주의를 끌었다. 그녀는 어린 남자아이를 안고 있었다. 아이는 다섯 살이었고, 할머니 품에 잠들어 있었다.

나는 아이를 안아 봐도 되는지 물었다. "아이에게 축복이 필요합니까, 치유가 필요합니까?"

할머니가 대답했다. "제 손자는 태어나서 지금까지 서 본 적도, 걸어본 적도 없습니다." 이때 잠에서 깨어난 아이가 울음을 터뜨렸다. 낯선 백인이 자기를 내려다보고 있었기 때문이다. 분명 조금 전까지만 해도 아이는 귀한 인도 여성의 품에 잠들어 있었다. 궁여지책으로 나는 엠앤엠 M&M 의 노래로 아이를 진정시켰다. 군중이 기도받기 위해 안전선을 뚫고 주변으로 몰려들었다. 가슴 속에서 아이를 향한 연민이 요동쳤다. 그날 저녁 그곳에 아이와 나, 둘만 덩그러니 서 있는 것 같았다. 나는 아이와 친구인 캐리를 군중으로부터 멀찌감치 떨어진 곳으로 데려갔다.

어린 아이는 내 친구가 되었다. (아이의 이름이 영어로 '밝게 빛나는 빛'을 의미한다는 사실을 나중에 알았다.) 나는 아이에게 나의 친구인 예수님이 그를 사랑하시며 치유하기 원하신다고 이야기해 주었다. 캐리가 아이와 친해지는 동안, 나는 긍휼에 젖어 건조하고 먼지 가득한 축구장에 누워 있었다. 그때 하나님의 음성이 들렸다. "아이를 일으켜 걷게 하라."

캐리에게 가서 내가 들은 주님의 음성을 전하자 캐리가 말했다. "나도 정확히 똑같은 말씀을 들었어."

"생각만 할 것이 아니라 우리 함께 말씀에 순종하자."

우리는 아이에게 모국어로 이렇게 말하라고 가르쳤다. "예수님, 더욱 원합니다." 우리는 아이에게 걷게 될 것이라고 말했다. 그리고 "예수님, 더욱 원합니다"라고 고백하는 아이의 음성을 기대했다. 캐리가 아이의 몸을 붙잡고 나는 다리를 붙잡아 걸을 수 있도록 도와

주었다. 놀랍게도 아이의 몸을 붙들고 있는 캐리와 함께 아이가 걸음을 떼며 말했다. "예수님, 더욱 원합니다." 우리는 순서대로 아이의 팔과 손과 작은 손가락을 붙잡았다.

나는 착오가 있었던 것이 분명하다고 생각하며 아이의 할머니에게 돌아갔다. 그녀는 땅바닥에 주저앉아 울고 있었다. 내가 물었다. "제가 상황을 제대로 이해하지 못했나요?"

그녀가 대답했다. "말씀드렸듯이 제 손자는 일어서 본 적도 없고, 한 걸음도 걸어 본 적이 없습니다."

시간이 자정이 넘어 아이는 트럭을 타고 돌아갔다. 운동장은 거의 비었고 나는 호텔로 돌아가기 위해 대기하고 있는 버스에 올라탔다. 많은 기적이 일어나 기쁨으로 가슴이 벅차올랐다. 버스 안에서 주님의 음성이 들렸다. "다시 돌아가서 축복해 주어라." 나는 버스에서 뛰어내려 축구장으로 돌아갔다. 그리고 기도받은 적이 없는 젊은 여성을 발견했는데, 그녀는 한쪽 귀가 완전히 먹은 상태였다. 놀랍게도 그녀의 귀에 안수하지도 않았는데 갑자기 귀가 열렸다.

우리는 호텔로 돌아왔다. 절름발이 소년을 위해 20분 기도할 때는 치유가 일어났지만, 내 딸을 위해 8년을 기도해도 돌파가 일어나지 않은 이유를 두고 기도했다. 하나님은 내가 범하고 있는 죄가 있으며 그 죄를 처리해야 한다는 사실을 알려주셨다. 다음은 나의 이야기다.

첫째 딸 샬롯은 1995년에 태어났다. 샬롯은 태어난 지 몇 시간 만에 심한 경기를 했다. 3주간의 집중 치료를 받은 후 퇴원할 때, 신경과 전문의가 우리에게 말했다. "샬롯은 뇌 손상을 입어서 정상적으로 걷거나 기능할 수 없을 것입니다. 따뜻한 가정에서 극진한 사랑으로 돌봐주는 것이 최선의 방법입니다."

그렇게 우리의 여정이 시작되었다. 나는 지금도 이 여정이 나를 치유 사역으로 이끌었다고 믿는다. 그러나 나는 하나님을 향한 지적 충돌intellectual offense을 다루어야 했다.

우리는 수도 없이 실망하고 부담감에 시달렸다. 그러면서 왜 고군분투하며 열매 맺는 삶을 살아야 하는지 궁금해졌다.

다음 몇 년간, 샬롯에게 척추 측만증이 발생했고 2008년에 긴급 수술을 받아야 했다. 샬롯의 척추가 104도 휘어서 한쪽 폐에 악영향을 미쳤다. 기적이나 돌파가 없다면, 아이의 심장이 으스러지는 것은 시간문제였다.

> 우리가 오늘의 부담을 어떻게 다루는가에 따라
> 내일의 열매가 결정된다.

2008년 6월, 샬롯은 참기 힘든 수술의 고통을 겪었다. 경추 하부에서부터 꼬리뼈까지 샬롯의 척추를 잘 맞춰야 했다. 8시간 동안 대

수술을 했고 샬롯은 엎드려 누워 있었다. 그 결과 일주일 동안 눈이 부어 있었다. 수술받는 동안 샬롯은 5시간 넘도록 출혈이 있었고, 수술 후에도 이틀 동안 출혈이 있었다. 의사는 난감해했고, 샬롯은 5일 동안 집중 관리를 받았다. 어느 날 아침, 나는 샬롯의 병실에 들어가 유리문과 커튼을 닫고 경배 찬양을 틀고 대적 앞에서 하나님을 경배했다. 그날 나는 그곳에 서서 말했다. "무슨 일이 일어나도, 샬롯이 이겨내든지 이겨내지 못하든지, 항상 하나님의 선하심을 선포합니다. 저는 하나님께 분을 내지 않을 것입니다. 이 상황이 하나님으로부터 나지 않았기 때문입니다."

나는 그날 주님의 선하심을 항상 선포하기로 하나님께 약속했다. 온 마음을 다해 경배했지만 무언가 해주시기를 하나님께 기대해서가 아니었다. 왜냐하면 하나님이 벌써 하셨기 때문이다.

많은 경우 우리는 하나님이 훈육을 위해 우리에게 질병을 허락하신다고 생각한다. 또 하나님의 마음이 예수님과 다르다고, 그래서 하나님이 예수님과 대립하신다고 생각하기도 한다. '예수님이 모든 질병을 치유하신다'는 사실을 알고 있으면서도 '하나님이 우리에게 질병을 허락하신다'는 생각을 갖고 있다. 예수님은 우리가 회복되기를 바라시지만, 우리는 그것이 우리를 향한 하나님의 마음이 아니라고 생각한다. 그리고 이런 신학을 고수하면서 기독교를 무능력하게 만들고 있다. 그러면서 왜 교회가 패배하듯 행보해 왔는지 의문을 갖는다. 자녀를 향한 아버지의 마음은 우리가 온전함과 축복 가운데 예수님이 지불하신 모든 것을 받는 데 있다.

이는 하나님의 영광의 광채시요 그 본체의 형상이시라 그의 능력의 말씀으로 만물을 붙드시며 죄를 정결하게 하는 일을 하시고 높은 곳에 계신 위엄의 우편에 앉으셨느니라 히 1:3 KJV

"본체의 형상"이라는 구절은 '동일한 사본identical copy' 또는 '완벽한 재현perfect representation'을 뜻하는 그리스어다. 하나님의 말씀은 예수 그리스도가 하나님의 동일한 복사본이자 완벽한 재현이라는 사실을 나타낸다. 따라서 우리는 예수님의 삶을 봄으로 치유에 관한 하나님의 의지를 언제나 자신 있게 밝힐 수 있다.

> 하나님의 선하심은 우리의 상황을 근거로 하지 않는다.

복음서를 살펴보면, 예수님이 누군가에게 질병을 주시는 경우는 없다. '하나님과 예수님의 마음이 같지 않다'는 생각은 그리스도의 완벽한 재현에 모순된다. 그분은 질병을 주시지 않는다. 모두를 치유하는 것이 그분의 뜻이다. 이것이 복음, 곧 좋은 소식이다. 치유는 그분의 성품에 속한 것이다. 그분의 이름은 '여호와 라파Jehovah Rapha'다.

병실에서 내 앞에 의자를 놓고 선포했다. "사탄아, 너는 여기 앉아서 내가 하나님을 경배하는 것을 지켜봐라." 내가 2시간 동안 하나님께 마음을 쏟으며 경배할 때, 의사가 와서 샬롯의 출혈이 멈췄으며 튜브를 모두 제거해도 된다고 했다.

나는 하나님께 분내지 않으려 한다. 낙심과 부담은 결코 하나님께서 우리에게 예비하신 것이 아니다. 우리가 이런 것을 다루지 않는다면, 하나님께 분내는 죄를 범하게 될 것이다. 나는 군중에게 물었다. "삶 가운데 설명할 수 없는 상실을 겪어 보지 않은 분이 있습니까?" 아직까지 여기에 응답한 사람은 없다.

우리는 모두 인생을 살아가면서 설명할 수 없는 상실을 겪는다. 그러나 내일의 열매를 결정짓는 것은 우리가 어떻게 그것을 다루는가에 있다. 마태복음 14장 이야기가 떠오른다. 예수님은 세례 요한이 목을 베인 사실을 알게 되었다. 본문 말씀은 예수님께서 아버지와 함께하기 위해 홀로 빈들에 오르셨다고 한다. 그런데 치유가 필요한 군중이 몰려와서 예수님의 계획은 무산되었다. 그분은 병자를 고치고, 물 위를 걷고, 베드로를 물 위로 걷게 하셨다. 그리고 군중이 다시 치유받기 위해 몰려들었다. 그분은 질병을 치유하신 후 군중으로부터 벗어나 홀로 아버지와 함께하셨다.

예수님은 아버지와 무엇을 하셨을까? 나는 몇 가지를 제시하고 싶다. 첫째, 우리는 아버지의 선하심을 이해해야 한다. 앞서 히브리서 1장 3절을 설명했듯이 예수님은 아버지의 완벽한 재현이시다. 나는 예수님이 아버지의 선하심을 상기하기 위해 아버지와 함께하셨다고 생각한다. 하나님이 정말로 선하신 분인가 또는 치유하는 것이 그분의 뜻이 분명한가를 끊임없이 의심하면서 제한 없이 능력의 사역을 할 수 있다는 것은 말이 되지 않는다. 스스로 부담과 책임을 지려고 하면 너무 무거워서 짊어지기 어려워지는 것은 시간문제다. 그리고 우리는 누구를 위해서도 기도하고 싶지 않을 것이다. 다행인 것은 그런 부담이 결코 우리 것으로 예정되지 않았다는 사실이다.

내가 부담과 영광을 십자가로 가져갈 때 하는 일이 있다. 나는 치유가 나타나는 것을 전혀 본 적이 없는 사람들의 부담을 연료로 사용해 나의 불을 지핀다. 산에 올라가 하나님 앞에 얼굴을 숙이고 예수 그리스도의 인격에 대하여 더 깊은 계시가 있어야 한다고 부르짖는다. 예수님이 지불하신 대가, 그분의 은혜와 선하심, 십자가의 완성된 사역에 대하여 더 깊은 계시가 필요하다.

최근에 미국 중서부에서 설교하며 사도행전 10장 38절을 나누고 있었다. 내가 설교했던 교회에는 잔 G. 레이크_{John G. Lake 18세기 말에서 19세기 초에 남아프리카공화국과 미국에서 활동한 치유사역자}가 개인적으로 소장한 성경이 있었다. 사도행전 10장 38절을 읽을 때면 마음에 즐거움이 솟는다. 여기에서 "모든"이라는 단어를 읽을 때, 내가 아직 정상에 이르지 못했다는 생각이 든다. 그동안의 상실을 떠올리면 가슴 아프지만, 그로 인해 이 말씀을 새롭게 깨닫게 되었다.

하나님이 나사렛 예수에게 성령과 능력을 기름 붓듯 하셨으매 그가 두루 다니시며 선한 일을 행하시고 마귀에게 눌린 모든 All 사람을 고치셨으니 이는 하나님이 함께 하셨음이라 행 10:38

예수님이 아버지와 시간을 보내신 후 산에서 돌아오셨을 때, 그분의 옷자락을 만지는 자들이 모두 치유받았다고 성경은 말한다. 나는 아버지와 지속적으로 시간을 보내면서 항상 그분의 선하심, 사랑, 은혜를 떠올렸다. 그 어떤 분노도 내 마음에 틈타지 못하게 했다.

우리 마음속에 분노가 잠식하고 있는지를 쉽게 파악할 수 있는 방법이 있다. 당신에게 필요한 기적이 다른 이에게 일어났을 때 축하해 주지 못하고, "왜 저들이죠? 왜 저는 아니죠?" 하고 묻는다면, 하나님께 분을 내는 시발점에 있다고 볼 수 있다.

집회에서 기적이 일어나면, 동일한 기적을 체험하기 위해 줄 서 있는 사람들이 있다. 한 명이 치유받으면 어떤 사람들은 축하해 주기 시작한다. 반면에 어떤 이들은 자신들이 치유받지 못해서 표정이 침울하다. 그들의 마음이 표정에 드러난다. "왜 그들이고 저는 아니죠?" 우리가 다른 이들의 기적에 기뻐하면 동일한 기적을 경험하게 된다. 나는 기적을 체험하지 못하는 사람들에게 말하곤 한다. "마치 당신이 치유된 것처럼 치유된 자들을 축하하고 감사하시기 바랍니다." 다른 사람들의 돌파를 축하할 때, 곧이어 돌파가 일어나는 경우가 많다.

내 마음속에 있는 분을 다룬 후, 오늘날 척추 측만증을 비롯해 척추와 관련된 문제의 큰 돌파가 지속적으로 보인다. 기적이 일어날 때마다 정말 신이 난다. 내 딸에게 기적이 일어나게 해준 발판이기 때문이다. 어느 교회에서 내 딸 또래처럼 보이는 세 명의 소녀가 내 앞에 있었다. 모두 심각한 척추 측만증을 앓고 있었는데, 그들의 척추가 차례차례 펴졌다. 갈비뼈가 갑자기 치솟았고, 척추가 갈비뼈를 따라 제자리로 이동했다. 우리는 주님께 분내지 않고, 감사함으로 축하하며 사는 것을 배워야 한다.

하와이에서의 만남

2008년, 하와이에서 열린 콘퍼런스에 참석했다. 사실 콘퍼런스에 간 이유는 강연자를 보기 위해서였다. 그의 삶을 배우고 싶었기 때문이다. 샌프란시스코 공항에 도착해서 로스앤젤레스로 가는 연결 편을 기다렸다. 안타깝게도 비행기가 연착되었다. 내가 하와이행 비행기를 놓친 것이다. 가까스로 한 좌석 남은 하와이행 직항이 있어 겨우 갈아탔다. 무사히 탑승하고 비행기가 출발했다. 옆 좌석에 성공한 사업가가 앉아 있었다. 그 남자가 내게 이코노미 플러스를 자주 이용하는지 묻기 전까지, 나는 급히 탑승하는 바람에 좌석이 이코노미 플러스로 업그레이드된 사실을 몰랐다. 나는 업그레이드된 사실을 몰랐다고 답했다. 나도 그에게 이코노미 플러스를 주로 이용하는지 물었다. 그는 대부분 퍼스트 클래스를 이용하지만, 퍼스트 클래스의 사람들은 말하는 것을 좋아하지 않아서 일부러 한 단계 낮은 좌석을 선택한다고 했다. 옆 좌석의 흥미로운 사람들을 만나는 것이 그에게는 낙이었다.

그는 나와 정치에 대해 토론하려 했다. 나는 말했다. "사람을 잘못 보셨습니다. 저는 상원이 뭐하는 사람인지도 모릅니다."

그가 말했다. "괜찮습니다. 종교에 대해 이야기합시다." 나는 하나님이 나를 그에게 보내셨다는 사실을 알았다. 그가 내 직업을 물었다. 나는 이 질문에 답하는 것을 좋아한다. 어떤 이들에게는 이렇게 대답한다. "저는 의사 보조입니다." 또 (주로 이메일에서) 다른 이들에게는 교사, 콘퍼런스 강사, 또는 작가라고 말한다. 어쨌든 내가 평소에 보고 있는 기적에 대하여 나누기 시작하자, 그는 놀라움을 감추지 못했다. 그 후 나는 영화 〈마고리엄의 장난감 백화점〉을 보다가 잠시 잠이 들었다.

내가 깨어났을 때, 그가 말했다. "크리스, 당신이 그 영화를 좋아하는 이유를 알겠습니다. 기적을 믿기 때문이지요. 당신은 항상 기적을 본다고 하는데, 궁금한 것이 있습니다. 정직한 답변 부탁드립니다. 당신은 4기 암환자 외에도 다수의 병자가 치유된 이야기를 해 주었습니다. 만일 당신이 기도해 주던 환자가 세상을 떠나면 어떻게 하는지 궁금합니다." 나는 그에게 짧은 답을 원하는지, 긴 답을 원하는지 물었다. "저는 짧고 정직한 답을 원합니다."

나는 그에게 다섯 가지를 말해 주었다. 첫 번째, 가족의 동의를 받고 그가 죽은 자들 가운데에서 부활하기를 기도한다. 두 번째, 그가 죽은 자들 가운데에서 부활하지 않으면 땅에 묻는다. 세 번째, 가족과 함께 애도한다. 많은 그리스도인이 애도하는 것이 옳지 않다고 생각한다. 그러나 우리는 세상의 방식으로 애도하지 않는다. 그들을 다시 보게 될 것을 아는 상태로 애도함으로 불신자가 발생하지 않게 한다. 네 번째, 하나님께 분을 내지 않는다. 다섯 번째, 일어나 다시 최전방으로 돌아가서 예수님께 무릎 꿇고 다음 차례의 불가능한 일을 구한다.

그는 나를 뚫어지게 쳐다보며 말했다. "저는 그런 이야기를 들어본 적이 없습니다. 어린 시절 교회학교에 다녔습니다. 집에 가서 성경을 찾아 먼지를 털고 다시 읽어 봐야겠습니다."

그는 사고를 당한 후 47년간 다리의 통증으로 고통 받고 있었다. 그동안 단 1분도 고통 없이 살아 본 적이 없었다. 그의 발목은 많은 핀으로 고정되어 있었다. 내가 그를 위해 기도해 주고 싶다고 말하자, 그는 내게 거의 빌다시피 했다. 나는 그의 마음이 얼마나 간절한지 보고 싶어서 그를 기다리게 했다. 비행기가 착륙하여 내렸는데, 카메라를 두고 와서 다시 비행기로 돌아가야 했다. 그런데 그는 아직도 거기에 있었다. 우리는 수화물을 찾아 밖으로 나왔다. 그가 말했다. "저는 준비되었습니다."

나는 그와 길가 벤치에 앉아 5초 정도 하나님의 선하심을 풀어놓는 기도를 했다. 하나님은 그분의 선하심이 선포될 때 기뻐하며 선하심을 나타내신다. 나는 말했다. "한 바퀴 돌아보고 테스트해 보세요." 나는 기적을 체험하는 사람들의 표정 보는 것이 좋다. 그는 천천히 움직이기 시작했고, 몇 초 후에 60세 남자가 어린아이처럼 포장도로 위에서 원을 그리며 돌았다. 그는 47년 만에 처음으로 고통에서 벗어났다.

예전에도 비슷한 말씀으로 설교한 적이 있다. "오늘은 기적의 날입니다!" 하면서 과거의 결과 또는 기도 분량과 상관없이 분을 극복하는 방법을 설명했다. 설교를 들은 후 개인적으로 자유롭게 되었다며 내게 연락하는 사람이 많지 않았다. 많은 그리스도인이 환자나 죽어가는 자들에게 사역하는 것을 포기한다. 상실감을 감당하기 힘들기 때문이다.

상실을 연료로 사용하여 당신의 불을 타오르게 하라. 경험으로 살지 않기를 바란다. 경험은 복음을 더욱 낮은 수준으로 끌어내릴 뿐이다. 복음을 기준으로 세우고, 복음의 수준에 맞춰 살아가라. 우리가 겪지 않아도 고통을 상기시키는 것이 상실이다. 그리고 우리는 그분의 선하심과 은혜에 대한 더 깊은 계시가 필요하다.

실패할 것 같은 일을 얼마나 많이 직면하든, 얼마나 많이 넘어지든, 나는 다시 일어나 전선으로 돌아간다. 때로 바울과 같은 생각을 한다. "우리가 사방으로 우겨쌈을 당하여도 싸이지 아니하며 답답한 일을 당하여도 낙심하지 아니하며 박해를 받아도 버린 바 되지 아니하며 거꾸러뜨림을 당하여도 망하지 아니하고"(고후 4:8, 9).

하나님께는 불가능이 없다는 사실에 확신을 갖고 살아가라. 당신의 기도 분량과 상관없이 오늘은 기적의 날이라는 사실을 확신하라. 나는 샬롯에게 주기적으로 선포한다. "샬롯, 오늘은 놀라운 기적의 날이야!" 하나님이 나타나실 수밖에 없는 대단한 기도를 드릴 수 있을 정도로 담대하게 살아가라. 아버지의 선하심을 풀어놓을 때 천국의 모든 것이 우리를 일으키고자 학수고대한다는 사실을 인지하고 믿음의 확신으로 전진하면, 더 많은 기적을 볼 것이다.

몇 년 전에 나는 기도했다. "하나님, 저는 더 많은 기적을 보기 원합니다." 그러자 그분은 명확하게 응답하셨다. "그렇다면 더 많은 사람을 위해 기도하라." 자, 이제 세상에 나아가 하나님의 선하심을 전하고, 예수님이 값을 치르신 것들을 모두 받자.

3

큰 믿음의 비결

캘리포니아 레딩의 벧엘교회에서 감사하게도 특별한 부흥 사역자들을 운전으로 섬길 기회가 있었다. 나는 사역의 열매를 증가시키기 위해 그들의 식견을 구하는 것을 너무나도 좋아한다. 지금까지 나는 훌륭한 조언을 받아왔다.

그런 부흥사 중 한 명이 잭 코 주니어 Jack Coe Junior 라는 치유 사역자였다. 그는 내게 믿음의 능력을 가르쳐 주었다. 그에게 돌파의 핵심이 무엇인지 묻자 이렇게 답했다. "저는 하나님을 믿고, 하나님의 말씀을 있는 그대로 믿습니다." 어느 날 리포터가 그의 아버지인 잭 코 Jack Coe, 1918-1956 치유 사역자에게 물었다고 한다.

"잭, 당신은 능력을 얻기 위해 금식을 하십니까?"

"금식이요? 아니요, 저는 음식을 먹습니다. 그리고 하나님을 믿습니다." 지금 나는 금식에 대한 교리적 설명을 하려는 것이 아니다. 내가 강조하고 싶은 것은, 하나님이 어떤 분인지 스스로 말씀하신 내용, 곧 말씀을 믿는 것에 강력한 능력이 있다는 말이다. 예수님은 회당의 지도자들에게 말씀하셨다. "두려워 말라. 오직 믿기만 하라."

믿음 그리고 하나님의 성품을 신뢰하는 것이 중요하다. 그것이 당신의 삶 가운데 초자연적 돌파를 볼 수 있는 비결이다. 그분은 자신에게 나아오는 자들을 예외 없이 치유해 주셨다. 그러나 폭풍에 은혜를 베푸시거나 허리케인, 지진 등을 기뻐하며 맞이하신 적은 없다. 그분이 장례식에 가실 때마다 혼란이 일어났다. 물론 그분의 장례식도 예외는 아니었다.

나는 성도들이 예수님처럼 어린아이 같은 믿음, 신뢰, 신념을 갖고 나아가기를 바란다. 그래서 하나님의 말씀을 자신들의 경험으로 끌어내리지 않고, 자신들의 경험을 하나님의 말씀 기준에 맞추기를 소망한다.

그렇다면 믿음이란 무엇인가?

예수님이 말씀하셨다. "내가 너희에게 이르노니 속히 그 원한을 풀어 주시리라 그러나 인자가 올 때에 세상에서 믿음을 보겠느냐 하시니라"(눅 18:8). 나는 이 말씀을 오랫동안 곰곰이 생각했고 나 자신에게 물었다. "무엇에 대한 믿음인가?" 그리고 다음과 같은 결론에 이르렀다. 하나님이 어떤 분이신지 나타내는 하나님의 말씀을 신뢰하는 믿음이다.

만일 그분이 사람들에게 병을 주시는 이유가 그들을 바로잡기 위해서라고 생각하면, 어떻게 그분을 치유자로 믿겠는가? 치유하는 것이 그분의 뜻인지조차 확신이 없다면, 어떻게 치유의 믿음을 갖겠는가? 우리의 안목으로 문제를 바라보면, 어떻게 치유의 믿음을 갖겠는가? ('답'이 '문제'보다 더 커야 한다.)

우리의 믿음을 신뢰하는 것이 아니라, 하나님이 어떤 분이신지 나타내는 하나님의 말씀을 신뢰하는 것이 중요하다. 기적을 일으킬 충분한 믿음이 있는지 자기 자신을 살펴보는 이들이 많이 있다. 그러나 나는 유일하신 분을 신뢰한다. 그분은 의심하신 적이 없고, 항상 굳건하며 흔들리지 않는 믿음을 갖고 계신다.

어렸을 때 아버지는 건축 일을 하셨다. 나는 아버지와 점심을 같이 하려고 건축 현장을 방문한 기억이 있다. 아버지는 내게 목재 옮기는 것을 도와 달라고 부탁하시곤 했다. 아버지는 건장한 남자였고 나는 겨우 네 살이었다. 그런데 목재를 옮기는 데 내 도움이 필요했을까?

그럴 리가 없다. 아버지는 내가 도울 수 있게 기회를 주신 것이다. 아버지는 목재 중간 부분을 잡으시고는, 나에게 목재 끝을 잡아 달라고 말씀하셨다. 우리는 함께 목재를 들고 적당한 장소로 옮겼다. 아버지가 수고했다고, 내가 없었다면 할 수 없었을 거라고 마치 내게 대단한 능력이 있는 것처럼 칭찬해 주시면, 나는 내가 굉장히 힘이 세다고 생각하면서 돌아오곤 했다.

변화를 일으킨 것이 내 힘이었을까? 우리는 믿음을 순전히 우리의 힘이라고 생각하는 경향이 있다. 그 무거운 목재를 들어 옮긴 사람은 아버지였다. 그렇지만 나는 목재를 들어 올리려고 안간힘을 썼다. 영향력이 거의 없지만 내 노력은 필요했다. 목재를 옮긴 후, 아버지는 나를 놀라운 능력자로 만들어 주셨다. 사실 무거운 목재를 들어 운반한 사람은 아버지였지만 말이다.

이같이 하나님도 우리를 통해 역사하기를 택하신다. 우리는 노력을 기울이고 그분은 열매를 맺으신다. 나는 혼자 나무를 들 수 없다는 사실을 알았지만 내 아버지의 힘을 믿었고, 아버지는 나와 협력하기를 원했다.

마태복음 10장 8절 말씀이다. "병든 자를 고치며 죽은 자를 살리며 나병 환자를 깨끗하게 하며 귀신을 쫓아내되." 이 말씀은 시도해 보라는 뜻도 아니고, 기적이 일어나도록 기도하고 희망을 가지라는 뜻도 아니다. 실제로 병자를 치유하라는 뜻이다.

당신은 우리가 해야 한다는 치유가 실제로는 불가능하다는 결론을 내린 적이 있는가? 오직 우리가 하는 것으로 간주할 때 치유는 불가능하다. 치유는 오직 예수님이 하시는 것이다. 순전히 우리 안에 계신 그분, 우리를 통해 나타나시는 그분이 하시는 사역이다.

치유 콘퍼런스에서 내가 좋아하는 설교가 있다. 이 이야기를 할 때 사람들의 반응을 보면 재미있다. "그리스도는 이 도시의 해결책이 아닙니다. 저도 이 도시의 해결책이 아닙니다. 이 도시의 해결책은 여러분 안에 있는 그리스도, 여러분을 통해 나타나시는 그리스도입니다."

많은 사람이 나를 따라와서 어떻게 기도하고 결과를 성취하는지 보기 원한다. 참으로 훌륭한 자세다. "거인을 잡으려면 거인 잡는 자와 어울려야 한다." 하지만 사람들은 즉각적인 처방, 마술 지팡이, 기도의 마법 같은 것을 기대한다. 나는 사람들에게 내 기도가 아니라 예수님이 치유하시는 것이라고 설명한다.

많은 사람이 치유자 그리스도의 믿음을 신뢰하기보다는, 자신의 믿음 또는 화려하고 멋진 기도를 더 신뢰한다. 우리가 기도하는 방식은 그다지 중요하지 않다. 그분의 이름이 '여호와 라파'라는 사실과 그분이 우리 안에서 그리고 우리를 통해 치유하시는 분이라는 사실을 어린아이처럼 단순하게 믿을 때 치유가 임한다.

어린아이일 때는 아빠의 말을 그대로 믿는다. 어린 시절, 아빠가 '너는 할 수 있어'라고 격려해 주시면 그게 무엇이든 그렇다고 믿었던 기억이 난다. 우리 아이들도 어렸을 때는 내 말은 무엇이든, 할 수 있다고 말해 주면 그대로 믿었다. 결코 나를 의심하지 않았다. 아빠가 할 수 있다고 말하면 아이들은 믿는다.

인생의 모든 것을 논리적으로 바라보며 스스로에게 한계를 정하는 것은 성숙하면서 시작된다. 성숙이라는 명목하에 어린아이같이 단순한 믿음, 아버지를 신뢰하는 믿음에서 멀어지는 것이다.

어린아이같이 순수한 믿음을 회복하고, 우리 안에 있는 하나님 나라와 할 수 있다고 하시는 그분의 말씀을 믿는다면 교회가 어떻게 변화할까?

어떻게 귀머거리가 듣고 장님이 보게 되는가를 이해하는 것은 우리의 일이 아니다. 암 덩어리가 온몸에 뒤덮인 누군가가 임박한 죽음에서 어떻게 완쾌되었는가를 이해하는 것도 우리의 일이 아니다. 그러면 이 모든 상황 가운데 우리의 역할은 무엇인가? 우리의 소임은 정말 단순하다. 그분의 행사가 지극히 선하시다는 사실을 믿는 것이다. '여호와 라파$_{Jehova\ Rapha}$'는 성경에서 가장 처음 소개되는 하나님의 복합 이름이다. "나는 너희를 치료하는 여호와임이라"(출 15:26).

하나님께 순복하고 어린아이의 믿음을 회복하면 된다. 그러면 어떻게 어린아이 같은 믿음에 머무르겠는가? 그분의 시각으로 상황을 바라봐야 한다. 하나님은 사라지는 팔을 보시지 않는다. 그분은 보고 싶은 팔을 보신다. 어린아이 같은 믿음은 우리 안에 그리고 우리를 통해 사시는 분이 하나님이라는 사실을 이해하는 것이다. 만일 그것이 우리 자신이라고 생각한다면, 성경은 우리가 아무것도 할 수 없다고 말한다. 순복하는 것이 중요하다. 순복할 때 하나님 나라의 충만함을 받는다.

> 나는 포도나무요 너희는 가지니 저가 내 안에, 내가 저 안에 있으면 이 사람은 과실을 많이 맺나니 나를 떠나서는 너희가 아무것도 할 수 없음이라 요 15:5 YLT

바로 여기에서 은혜의 능력이 임한다. 우리에게 그분의 은혜가 임하면 이전에 할 수 없던 무언가를 할 수 있는 능력이 생긴다. 우리 앞에 펼쳐진 상황을 그분의 시각으로 보는 법을 배워야 한다. 그분의 시각 안에서 믿음으로 문제를 바라보고 정복할 수 있기 때문이다. 나는 문제가 답보다 더 커지는 것을 허용할 수 없다.

어느 정도의 믿음이 충분한가

기적의 믿음을 충분히 가졌는지에 대하여 우리는 얼마나 쉽게 의구심에 사로잡히는가? 우리가 기적의 믿음을 충분히 가졌는지 궁금해하면, 기적이 순전히 우리에 관한 것이라는 의미가 되는가? 내가 신성하신 그분의 치유 손길이 필요한 상황에 직면하면, 내면을 살필 여유가 없다. 충분한 믿음이 있는지 확인할 때, 나는 답에서 눈을 뗀 후 나 자신에게 옮긴다. 그리고 나의 내면을 보면, 필요한 기적의 믿음이 늘 부족하다는 것을 경험으로 알게 되었다.

"…하나님께서 각 사람에게 나누어 주신 믿음의 분량대로"(롬 12:3). 우리는 각자 믿음의 분량을 갖고 있다. 마태복음 17장 20절 말씀이다. "…만일 너희에게 믿음이 겨자씨 한 알 만큼만 있어도 이 산을 명하여 여기서 저기로 옮겨지라 하면 옮겨질 것이요 또 너희가 못할 것이 없으리라."

예수님을 구주로 받아들이면 하나님의 믿음이 당신 안에 지금 바로 거한다. 당신이 받은 믿음의 분량은 그 어떠한 소임도 충분히 해낼 수 있다. 믿음은 수동적 안식이 아니라 능동적 안식이다.

자기 내면에 믿음이 충분히 있는지 열심히 성찰한다고 해서 믿음이 임하는 것은 아니다. 나는 믿음의 분량을 받았고, 믿음은 하나님의 말씀을 들으므로 생긴다. 나는 하나님의 말씀을 읽어야 믿음이 생긴다는 의미로 이 말씀을 이해하곤 했다. 그러나 예수님의 제자들에게는 매일 읽고 묵상할 신약성경이 없었다. 그런데도 그들은 믿음으로 충만해 보였다. 중요한 것은 레마 Rhema, 깨달은 말씀의 말씀으로 사는 것이다. 그리고 과거와 현재에 남은 그분의 행적을 상기하고, 사랑하는 아버지의 성품을 이해해야 한다.

"사람이 의롭게 되는 것은 율법의 행위로 말미암음이 아니요 오직 예수 그리스도를 믿음으로 말미암는 줄 알므로"(갈 2:16). 이 문장에서 "예수 그리스도를 믿음"은 영어로 "Faith in Jesus Christ"라고 번역되어 있지만, 많은 신약 학자들이 이 구절을 주격 속격으로 연결 짓는다. 다시 말해 "the faith of Christ 그리스도의 믿음"라고 볼 수 있다는 뜻이다. 그리스어의 소유격 접미사는 'of ~의' 또는 'from ~로부터'을 의미하므로, 'the faith of/from Christ 그리스도의/그리스도로부터의 믿음'라고 이해할 수 있다.

> 사람이 의롭게 되는 것은 율법의 행위에서 난 것이 아니요 오직 예수 그리스도를 믿음으로 말미암는줄 아는고로 우리도 그리스도 예수를 믿나니 이는 우리가 율법의 행위에서가 아니고 그리스도를 믿음으로써 의롭다 함을 얻으려 함이라 율법의 행위로서는 의롭다 함을 얻을 육체가 없느니라 갈 2:16 KJV

이 말씀은 우리가 그리스도의 믿음faith 또는 신실함faithfulness을 신뢰하기 때문에 구원받았다는 뜻을 내포한다. 그분은 하나님을 온전히 기쁘게 해 드렸다. 저주가 되어 대가를 치르셨으며 사망을 이기시고 인간을 구원하셨다. 그분의 믿음과 신실하심이 승리했다. 예수님은 힘든 일을 모두 해내셨다.

믿음으로 악전고투惡戰苦鬪하는 중이거나 소망의 불꽃이 희미하게 타오르는 최악의 날, 당신이 덜 구원받은 것도, 호의를 덜 받은 것도, 하나님을 덜 기쁘게 해 드린 것도 아니라는 말이다. 예수님, 즉 믿음의 주요 온전하게 하시는 분을 주목하라. 예수님은 당신의 믿음을 시작하고 마치시는 분이다. 그분 안에 안식하라. 당신 안에서 선한 일을 시작하신 분이 신실하게 그 일을 이루실 것이다(빌 1:6).

더 나아가 요건을 충족시키기 위해 마법으로 '충분한' 믿음을 만들어낼 필요가 없다는 뜻이다. 예수님은 당신을 위해, 당신 때문에 모든 요건을 충족시키셨다. 그분의 신실함을 신뢰하라. 기적, 능력, 은혜 등의 모든 역사 가운데 하나님이 언제나 오직 "그분의 종 예수님"을 영화롭게 하신다(행 3:13). 예수님은 당신이 구원받을 것이라는 사실을 믿어 의심치 않으셨기에 값없이 십자가에 못 박히셨다. 베드로의 서신은 다음과 같이 시작한다.

하나님과 우리 주 예수를 앎으로 은혜와 평강이 너희에게 더욱 많을지어다 그의 신기한 능력으로 생명과 경건에 속한 모든 것을 우리에게 주셨으니 이는

자기의 영광과 덕으로써 우리를 부르신 이를 앎으로 말미암음이라 벧후 1:2, 3

그런 다음 베드로는 "우리 주 곧 구주 예수 그리스도의 은혜와 그를 아는 지식에서 자라 가라(벧후 3:18)"는 말씀으로 시신의 끝을 맺는다.

내가 그분의 성품에 속한 예수님의 선하심, 은혜, 사랑을 우러러보고 그분의 관점으로 상황을 바라보는 자세를 확고히 할 때 믿음이 임한다. 나는 믿음으로 더욱 성장하기 원하며, 믿음으로 성숙하는 성도들의 모습 또한 보고 싶다. 그분의 선하심과 은혜를 보면 볼수록, 우리 주님 예수 그리스도를 아는 지식이 더욱 깊어져서 우리의 믿음이 충만해질 것이다.

나는 오직 그분만을 믿기로 선택한다. 나의 믿음은 내 기도에 있지 않다. 그분의 시각으로 보는 시간을 가져야 믿음이 임한다. "주께서 그러하심과 같이 우리도 이 세상에서 그러하니라"(요일 4:17). 우리의 믿음이 얼마나 큰가는 중요하지 않다. 우리 하나님이 얼마나 크신 분인지가 중요하다.

피의 능력

출애굽기 11장, 12장에서 우리는 죽음의 천사가 각 가정을 지나며 장자들을 죽이려는 장면을 볼 수 있다.

> 내가 애굽 땅을 칠 때에 그 피가 너희가 사는 집에 있어서 너희를 위하여 표적이 될지라 내가 피를 볼 때에 너희를 넘어가리니 재앙이 너희에게 내려 멸하지 아니하리라 출 12:13

얼마나 놀라운 이야기인가. 천사가 피를 보면 그냥 지나쳤다고 한다. 분명 그들은 하나님의 약속을 믿었을 것이다. 그런데 천사가 재앙을 내리지 않고 지나갈 것이라는 믿음이 그들에게 충분히 있었는지 모르겠다. 그들은 의아해서 웃었을지 모른다. "우리가 괜찮을지 궁금합니다. 우리가 죽을지 궁금합니다. 우리의 믿음이 부족할 수 있다고 생각합니다!" 왜 우리는 재앙을 겪지 않는가? 무엇 때문인가? 피의 능력으로 충분하기 때문이다. 그들의 믿음은 그들 자신이 아닌, 하나님의 말씀에 속해 있다. 그들의 믿음은 하나님의 인격 가운데 있다. 그분이 말씀하셨다. "내가 피를 볼 때 넘어가겠다." 예수님 피의 능력은 얼마나 더 큰가? 내 믿음은 내가 아닌 그분께 속해 있다.

일반적인 또는 특별한 기적을 보기 위해 그에 상응하는 믿음의 필요성을 지나치게 강조하다가 자칫 잘못하면 사람들에게 해를 끼칠 수 있다. 나는 믿음을 좋아한다. 믿음은 성도의 삶에 중요한 부분이며, 초자연적 힘으로 역사한다. 즉, 믿음은 '치유될 수 있다는 확신' 또는 '그분의 치유자로 쓰임 받을 수 있다는 확신'을 충분히 가졌는지에 관한 내적 성찰 및 정신적 동의 그 이상이어야 한다.

복음서에서 읽었듯이 예수님께 나아오는 사람들은 절대로 "예수님, 저의 큰 믿음을 보소서. 저는 치유될 믿음이 있습니다"라고 말하지 않았다. 그들이 예수님께 나아갔던 것은 그분의 성품을 보았기 때문이다. 그들이 예수님께 나아갔을 때 그분의 사랑, 선하심, 은혜, 능력, 위엄을 보았다. 예수님은 그들이 믿음 안에 있는 것을 보셨다. 예수님은 그분께 나아오는 사람들을 일일이 치유하셨다. 그리고 그들이 치유받으면 그들의 믿음을 인정하셨다.

대가를 지불하신 그리스도와 관련해 더 많은 계시가 임할수록, 나는 더 많은 사역의 권한을 위임받고 내가 아닌 그리스도께서 사역하신다는 사실을 인식한다. 그분의 행사를 더 많이 볼수록 나는 더욱더 안식으로 사역하고 많은 열매를 맺는다.

신실한 분과 함께할 때 마음에서 믿음이 일어난다. 그분의 관점과 눈으로 상황을 보면 답이 보이고 문제에 눌리지 않는다. 우리는 선하신 그분을 해답으로 삼고 살아야 한다.

4
―

의심을 제거하자

많은 사람이 믿음이 없어서 제한된 열매를 맺는다고 생각한다. 그보다도 나는 의심에 그 원인이 있다고 생각한다. 우리 대부분이 가시적 열매의 결핍을 정당화하는 교회에서 능력 없는 신학으로 양육받아 왔다. 수년 동안 내 안에 존재했으며, 내 삶에서 역사했던 의심의 예들이 있다. 이것은 예수님의 권능으로 '당신이 치유받는 것' 또는 '다른 이들에게 치유 사역을 하는 것'에 적용될 수 있다.

'성과' 의심

우리 안에서 또는 우리를 통해서 치유가 나타나지 않으면, 우리가 돌파를 위해 열심히 하지 않는다는 생각을 쉽게 하게 된다. 치유의 역사가 일어나지 않을수록 더 노력하고 더 열심히 일한다. 그러나 열심히 일할수록 좌절을 반복하고, 더 많은 불신과 의심이 우리의 삶에 침투한다.

치유는 우리의 성과가 아닌 그분의 성과다. 예수님께서 대가를 지불하셨다. 나는 사람들에게 "치유가 우리와 관련 있다고 생각할 때 어려워진다"고 설명한다. 치유는 우리가 아니라, 우리 안에서 우리를 통해 나타나시는 예수님에 대한 것이다. 만일 치유가 우리의 성과라면, 우리가 했든 안 했든, 예수님의 죽음은 헛된 것이 된다. 부담은 우리가 아닌 예수님께 있다.

치유 집회 때 나는 사람들에게 치유받을 만큼 충분히 선하냐고 묻곤 한다. 은혜는 하나님의 과분한 호의다. 아무도 치유받을 자격이 없기 때문에 나는 그분의 은혜에 깊이 감사한다. 그래서 그것을 은혜라고 부른다.

은혜는 과분한 호의, 아니 그 이상이다. 은혜는 우리 삶에 위임된 초자연적 권능이다. 그분으로 말미암은 권능의 임재는 의, 평안, 기쁨을 안겨준다. 능력을 주는 권능의 임재로 우리는 하나님께서 명하시는 것이라면 무엇이든 할 수 있고 될 수 있다. 치유는 우리의 과업이나 공로가 아니다. 예수님은 우리가 있는 모습 그대로 나아오기를 바라신다. 혹자는 말한다. "목사님, 저는 옳지 못한 일을 했습니다."

나는 그에게 말해 준다. "괜찮습니다. 그분은 당신의 문제보다 훨씬 크십니다. 그분의 선하심이 당신을 회심의 자리로 인도하실 것입니다." 그분은 우리의 모습 그대로를 사랑하신다. 우리는 하나님께 나아가기 전에 깨끗하지 않아도 된다. 우리는 이 모습 그대로 하나님께 나아간다.

많은 종교와 우상숭배로 잘 알려진 아시아의 어떤 나라에서 사역할 때다. 우리는 부러진 다리를 치유하는 기적을 수없이 보며 믿기 어려운 시간을 보냈다. "여러분이 믿는 신과 함께 우리 하나님께 나아올 수 있습니다." 나의 말을 듣고 사람들은 당황했다. "당신의 모습 그대로 나아오십시오. 그분이 여러분을 사랑하고 치유하기를 원하십니다."

우리는 매우 특별한 치유가 일어나는 것을 보았고, 그날 밤 맹인으로 태어난 소년 한 명과 농아 두 명이 치유되었다. 이 기적으로 인해 수백 명의 사람이 새 신자 결의문을 외우고 예수님께 자신들의 생명을 드렸다. 보라, 부담은 우리가 아닌 예수님께 있다. 만일 사람들의 성과 덕분이라고 한다면, 기적이 나타나도 많이 보지는 못했을 것이다.

만일 그것이 우리 성과와 관련이 있다면, 그분의 만지심을 받기 위해서 우리는 완벽해야 한다. 그렇지 않으면 대부분의 그리스도인뿐 아니라, 예수님을 모르는 사람들도 배제될 것이다. 예수님에 대한 지식 및 종교 등의 유무와 상관없이 예수님은 여전히 당신이 치유되기를 바라신다. "그렇지만 목사님, 목사님은 저희 도시가 얼마나 어둡고 어려운지 모르십니다." 친구여, 예수님이 빛을 발하시게 할 시간이다.

> 빛이 어둠보다 밝다면, 어둠은 문제 될 것이 없다.
> 당신은 어둠이 사라지기를 구하지 않아도 된다.

어둠을 인지할 수 있는 환경이 잘 갖춰져 있다면 어둠은 문제가 아니다. 빛이 어둠보다 밝다면, 어둠은 문제가 아니라는 사실을 기억해라. 당신은 어둠이 사라지기를 구하지 않아도 된다. 그렇다면 어둠을 어떻게 몰아낼 수 있을까? 빛을 발하면 된다.

> 일어나라 빛을 발하라 이는 네 빛이 이르렀고 여호와의 영광이 네 위에 임하였음이니라 사 60:1

> 이같이 너희 빛이 사람 앞에 비치게 하여 그들로 너희 착한 행실을 보고 하늘에 계신 너희 아버지께 영광을 돌리게 하라 마 5:16

우리는 그분의 영광을 반사하려고 여기에 있는 것이 아니다. 그분의 빛을 발하기 위해 여기에 있는 것이다. 그분이 우리 안에 거하시기 때문이다. 더는 빛을 반사하려 하지 말고, 빛을 발하라. "죄가 더한 곳에 은혜가 더욱 넘쳤나니"(롬 5:20). 이 말씀을 계시로 받으면, 이제 어려운 곳은 없다. 나는 내가 가는 곳이 어두울수록 빛을 발하기가 더 쉽다는 사실을 깨달았다. 그런 곳에서 하나님의 은혜가 훨씬 더 강력하게 임하고, 그분의 선하심이 사람들을 회개로 이끈다. 어떤 사람들은 말한다. "저는 하나님을 믿지 않습니다." "저는 예수님을 알지도 못합니다."

나는 간단하게 대답한다. "그런데도 그분은 당신을 신뢰하십니다. 그리고 당신을 아십니다."

'하나님의 뜻' 의심

대개 사람들은 곁에 있는 사람을 치유하는 것이 하나님의 뜻이라고 생각한다. 그러나 자신들이 아니라 다른 누군가를 통해서다.

> 많은 사람이 곁에 있는 사람을 향한
> 하나님의 뜻을 의심하지 않는다.
> 그러나 자신들을 향한 하나님의 뜻에는
> 의심을 갖는다.

마태복음 8장 2, 3절에서 한 나병환자가 예수님께 나아가 경배드린다. "주여 원하시면 저를 깨끗하게 하실 수 있나이다." 이때 예수님께서 손을 내밀어 그에게 대시며 "내가 원하노니 깨끗함을 받으라"고 하셨다. 즉시 그의 나병이 깨끗하게 치유되었다.

아픈 이들에게 사역할 때, 상황에 대하여 하나님의 뜻을 구할 때 나는 그분에게 눈을 돌린다. 그분의 눈은 연민, 사랑, 자비, 은혜로 가득하다. 그리고 내가 다시 답에 집중하고 문제를 생각하지 않으면, 마태복음 8장 3절 말씀이 귀에서 울린다. "내가 원하노니…."

우리는 먼저 치유가 항상 그분의 뜻이라는 사실을 인식하고 기도해야 한다. 이런 확신 없이 기도하면, 보이지 않는 천장에 대고 기도하는 격이다. 우리가 부르심을 받은 목적은 천국의 실재를 이 땅에 가져오는 것이다. 그리고 천국에는 아픈 사람이 존재하지 않는다. 치유는 언제나 그분의 뜻이다. 하나님은 하늘에 앉아서 누구는 치유하고, 누구는 치유하지 않을지 고민하시는 분이 아니다. 2천 년 전에 이미 치유가 결정되었다. 그때 예수님이 우리의 모든 죄와 질병을 십자가에서 짊어지셨다.

> 친히 나무에 달려 그 몸으로 우리 죄를 담당하셨으니 이는 우리로 죄에 대하여 죽고 의에 대하여 살게 하려 하심이라 그가 채찍에 맞음으로 너희는 나음을 얻었나니 벧전 2:24

'하나님의 신성한 목적' 의심

이것은 오늘날 교회에서 큰 비중을 차지하는 문제다. 변화가 일어나고 있어 감사하지만, 아직도 많은 사람들이 자신들의 아픔이 하나님의 신성한 목적이라고 믿는다. 예수님이 우리의 롤 모델이라면, 이런 신념은 아무 근거가 없다. 질병이 하나님의 축복 중 일부라는 내용은 성경 어느 곳에도 기재되어 있지 않다. 예수님과 제자들도 질병이나 상해가 마치 거룩하고 좋은 목적인 것처럼 행하지 않았다. 성경 그 어느 장도 하나님이 질병을 사용해 사람들의 성격을 변화시키거나 회개하기를 원하신다고 가르치지 않는다.

하나님이 바라시지 않는 악조건의 상황이 우리 삶에 찾아올 수 있다. 그럴 때 하나님이 좋은 일을 일으키실 수 있다는 사실에 나는 동의한다. 그러나 이것은 하나님이 그들을 돕기 위해 아프거나 다치게 하시기를 원한다는 억측과 엄연히 다르다. 우리가 하나님이 뜻하시지 않은 삶의 환경 가운데 있을 때조차, 여느 좋은 아버지들처럼 하나님은 그분의 자녀들에게 최고의 것을 주시기 원하신다.

'특별한 타이밍' 의심

이것은 '하나님의 뜻', '하나님의 신성한 목적'을 의심하는 것과 종종 관련이 있다. 우리는 능력의 부재를 정당화하기 위한 교리를 쉽게 만들어낼 수 있다. 많은 사람이 기독교를 경험하지 못하고 살며, 그들의 이론은 하나님의 말씀이 아닌 경험 위에 확립되었다.

당신에게 필요한 기적의 값은 이미 지불되었다. 당신과 당신의 사역 대상을 위해 2천 년 전에 이미 값이 지불되었고, 그때가 바로 기적을 위한 하나님의 타이밍이었다. 우리가 기적을 보지 못했다고 해서 하나님의 타이밍이 아니라는 뜻은 아니다. 치유의 역사는 이미 이루어졌다. 그리스도가 계획하신 것을 이미 행하셨다. 지금 우리는 하늘의 실재를 이 땅에 가져오기 위해 지불된 것에 접근해야 한다.

그리스도의 삶을 보면, 병자들이 그분께 나아갈 때가 항상 치유의 타이밍이었다는 사실을 그분이 나타내셨다. 그분은 하나님의 타이밍이 아니라는 이유로 그 누구도 돌려보내신 적이 없다.

믿음은 오늘 하늘의 실재를 임하게 하는 능력이다. 하늘의 실재는 믿음의 기도가 있어야 풀어진다. 그러나 우리는 복음을 우리의 경험 수준으로 낮추기 때문에, 특별하고 신비한 타이밍에만 기적이 일어난다는 식의 복음을 만들어내는 경우가 너무 많다. 그리고 오늘 받을 수 있는 기적을 내일로 미룬다.

우리의 신학은 이곳에 이미 임한 하나님 나라보다 도래할 하나님 나라와 더 가깝다. 우리는 단지 기대치에 상응하는 기적을 보지 못한다는 이유로 미래의 하나님 나라 범주로 분류하여 넣는다. 그분의 나라는 한계가 없고 계속 임하고 있다(눅 1:33). 그러나 나는 내 능력 없음을 정당화하지 않을 것이다. 내가 이해하는 기적은 도래하고 있는 그 나라의 범주로 분류되지 않기 때문이다. 지금 당장 임하게 할 수 있는 하나님 나라가 생각보다 많다는 사실을 믿어야 한다.

"또 여기 있다 저기 있다고도 못하리니 하나님의 나라는 너희 안에 있느니라"눅 17:21.

가능한 한 천국이 더욱더 이 땅 가운데 임하기를 원한다. 나는 굳이 천국에 가고 싶지 않다. 지구상에서 더 많은 천국을 누릴 수 있다. 그분의 나라는 제한 없이 계속해서 도래할 것이다.

마태복음 6장 10절의 주기도문이다. "나라가 임하시오며 뜻이 하늘에서 이루어진 것 같이 땅에서도 이루어지이다." 이것은 전적으로 땅에서 하늘에 청원하는 성도들의 기도가 아닌가? 에베소서 2장 6절은 어떠한가? "또 함께 일으키사 그리스도 예수 안에서 함께 하늘에 앉히시니." 우리가 이 말씀의 실재 가운데 살고 있으며 이 말씀이 단순히 교리가 아니라면, "나라가 임하시오며…"라는 마태복음 6장의 주기도문은 하늘에서 기도하는 성도들의 예언적 선포가 되지 않겠는가?

우리는 병들고 죽어가는 세상에 대하여 많은 해답을 가지고 있다. 그런데도 주기도문을 단순히 하늘이 임하게 하는 간청으로 축소한 것은 물론, 하늘이 임한 삶을 살지도 못하고 있지 않은가.

나는 초자연적인 것을 좋아한다. 그러나 예수 그리스도의 인격만큼 초자연적인 것을 좋아하지는 않는다. 내가 그분 그리고 그분의 삶을 롤 모델로 우러러볼수록, 나의 체험은 하늘의 수준으로 더욱 올라간다. 당신이 예수님의 치유 사역을 간절히 원한다면, 예수님의 본보기를 따르고 그분이 행하신 일을 하라. 그분은 무엇이 잘못되었는지에 초점을 맞추시지 않았다. 그분은 응답을 베푸시고 아버지를 영화롭게 하셨다.

> 예수께서 지나가시다가 날 때부터 소경된 사람을 보신지라.
> 제자들이 주께 물어 말씀드리기를 "선생님, 이 사람이 소경으로 태어난 것은 누가 죄를 지은 것이니이까? 이 사람이니이까 아니면 그의 부모니이까?"라고 하니
> 예수께서 대답하시기를 "이 사람이나 그의 부모가 죄를 지은 것이 아니요 오직 그 사람 안에서 하나님의 일들을 나타내고자 함이라. 요 9:1-3 KJV

기적의 목적은 그분의 영광을 나타내는 것이다. 하나님은 질병으로 나타나시지 않는다. 그러므로 하나님이 누군가를 아프게 한 다음에 치유하신다는 말은 모순이며 옳지 않다.

'믿음의 부족' 의심

내가 좋아하는 '믿음'은 천국의 통화通貨다. 미국 달러와 같은 재정 통화가 경제를 순환시키듯이, 하나님 나라의 믿음은 이 땅에 실재를 가져온다. 가끔 문제가 되는 것은 믿음의 부재가 아니라 의심

이다. 많은 사람은 믿음이 부족한 것을 문제로 여긴다.

최근에 교회에서 성도들에게 한 가지 질문을 했다. "질병이 돌파되지 않고, 자신을 통해 하나님이 일하시지 못하고, 원하는 결과를 보지 못하는 것이 믿음의 부족 때문이라고 느끼시는 분들은 일어나 주세요." 겨우 몇 사람을 예상했는데 놀랍게도 70퍼센트 이상이 일어났다.

만일 예수님이 우리 사역의 롤 모델이라면, 예수님은 믿음이 부족하다는 이유로 누군가를 그냥 돌려보내시는 경우는 결코 없을 것이다. 믿음의 수준이 작은 자부터 큰 자까지 다양한 사람들이 그분께 나아왔다고 성경은 분명하게 밝히고 있다. 그분은 항상 사람들의 거처에서 그들과 함께하셨고 아무도 돌려보내시지 않았다. 그분은 항상 그들을 치유하시고 용기를 주셨다.

마가복음 9장 17-24절에 귀신 들린 아들을 제자들에게 데려온 어느 아버지의 이야기가 나온다. 제자들은 아이를 치유하지 못했다. 그래서 아이의 아버지는 예수님께로 아들을 데려가서 말한다. "무엇을 하실 수 있거든…" 믿음이 깊어 보이지 않지만, 그는 무엇이든 하실 수 있는지 예수님께 질문해야 했다. 예수님은 답하셨다. "믿는 자에게는 능히 하지 못할 일이 없느니라." 아이의 아버지가 울면서 말한다. "믿나이다 나의 믿음 없는 것을 도와주소서."

그는 믿음이 필요했다. 아이를 예수님께 데려갈 정도의 믿음은 있었지만 매우 작은 믿음이었다. 그는 믿음이 부족하므로 도움을 청

해야 했다. 비록 믿음은 약했지만, 문제는 믿음의 부재가 아니라 불신의 존재였다. 그러나 예수님은 아이를 치유하셨다.

마태복음 8장에서는 예수님께 나아온 나병환자는 그분의 능력을 전혀 묻지 않은 것으로 보인다. 그는 자신을 치유하고자 하시는지 그분의 뜻을 물었다. 예수님의 능력을 묻지 않은 사람들이 그분께 치유받는 것을 이 남자가 본 적이 있었는가? 그는 그분의 뜻을 여쭈었다. 나는 경련을 일으키는 아들을 데려온 아버지보다 이 나병환자의 믿음이 더 크다고 생각한다. 예수님은 손을 내밀어 이르시며 그의 믿음을 견고하게 하셨다. "내가 원하노니 깨끗함을 받으라." 즉시 그의 병이 치유되었다.

예배 시간에 사람들의 믿음이 어떠한지는 문제가 되지 않는다. 오늘날 하나님의 치유에 대한 사람들의 믿음이 어떠하든, 그분은 여전히 믿지 않는 성도들 가운데 계시고, 길을 모색하고 계신다. 왜 우리가 의심을 제거하고 치유받아야 하는지에 집중하자. 우리는 훨씬 더 많은 치유를 볼 것이다.

5

현실 VS 진리

치유의 권능으로 살아가는 여정에서 나는 미래에 무엇을 하고, 무엇을 하지 않을지에 대해 많은 것을 배웠다. 우리는 더 열심히 배우고 성장해야 한다. 내가 초창기에 깊이 깨달은 것 중 하나는 현실과 진리의 차이다.
 현실은 실재이지만, 항상 더 큰 실재가 있다. 아픈 사람에게 사역하거나 기적을 일으킬 때, 당신의 삶을 둘러싼 현실의 실재 가운데 사는 것은 너무 쉬운 일이다.
 사람들은 항상 문제 또는 현실을 보는 경향이 있다. 그렇다고 상황을 거부하라는 말이 아니다. 아프면 당연히 치유가 필요한 법이다. '질병이 현실'이기는 하나, 중요한 것은 '예수 그리스도가 당신의 치유자라는 진리'다.

> 믿음은 현실의 영역이 아닌 진리의 영역에 닻을 내린다.

    현실을 불평하고 주변 환경에 사로잡히면 더 높은 진리의 영역을 보지 못하기 마련이다. 사람들이 내게 기도 부탁을 할 때 자기주장이 강해서 직면한 문제, 즉 모든 '현실'을 이야기하고 싶어 한다.

    대부분의 경우, 그들은 누군가 자신과 그리고 자신의 문제에 함께해 주기를 기대한다. 나는 누군가의 문제에 함께할 생각이 없다. 나는 그에 대한 답이신 예수 그리스도와 함께할 것이다. 현실을 듣는 동안 주의를 기울이지 않으면 '공감'에 빠져들기 쉽다.

    나는 요나서를 읽고 깊은 감명을 받았다. 요나서 2장에서 요나가 큰 물고기 뱃속을 모험하게 된다. 요나는 자신을 둘러싼 모든 현실을 독자들에게 설명하기 시작한다. 그는 사람들이 망망대해에서 깊은 물 속으로 자신을 던졌다고 말한다. 부서지는 파도가 그를 덮쳤고 하나님의 시야에서 쫓겨났다. NASB 버전의 성경 말씀이다. "물이 나를 죽음에 이르기까지 둘렀사오며 심연이 나를 에워싸고 바다풀이 내 머리를 감쌌나이다"(욘 2:5 NASB).

    그러나 그때 요나의 음색이 변하기 시작했다.

거짓되고 헛된 것을 숭상하는 모든 자는 자기에게 베푸신 은혜를 버렸사오나
욘 2:8 NIV – KJV, ISV 참고

강력한 사건이다. 요나는 지금 바닷속 파도와 같이 심각한 상황을 거짓되고 헛된 것이라고 부르고 있다.

당신 앞에 있는 현실을 부인하라는 말이 아니다. 천국(믿음)의 풍성함이 현실을 직시하고 정복하는 능력이라는 뜻이다. 믿음의 눈은 현실을 보면서도 진리를 믿을 수 있다.

고난이 일어나지 않는 것은 아니다. 다만, 하나님의 선하심 그리고 천국의 풍성함으로 사역할 때 힘든 인생의 여정을 항해하며 그분을 탓하지 않을 수 있다.

> 공감은 사람들을 문제 속에 가둘 수 있다.
> 연민은 사람들을 문제에서 끌어낼 것이다.

…나의 하나님 여호와여 주께서 내 생명을 구덩이에서 건지셨나이다
내 영혼이 내 속에서 피곤할 때에 내가 여호와를 생각하였더니 내 기도가 주께 이르렀사오며 주의 성전에 미쳤나이다 욘 2:6-7 KJV, NJKV 참고

나는 감사하는 목소리로 주께 제사를 드리며 나의 서원을 주께 갚겠나이다 구원은 여호와께 속하였나이다 하니라 욘 2:9 NIV, NKJV 참고

요나는 현실 상황에 대해 모든 것을 말한 뒤, 진리와 감사에 집중하기 시작했다. 그가 감사의 노래로 주께 제사를 드리고 구원이 여호와로부터 나온다고 선포하자마자, 주님이 물고기에게 요나를 땅에 토하라고 말씀하셨다. 요나가 문제에서 눈을 떼고 하나님을 바라보며 감사의 목소리를 올려드린 직후 돌파가 일어났다. 그는 주님께 집중하고 주님이 어떤 분이신지 기억했다. 그리고 곧바로 구원이 임했다.

우리는 무엇이든 하나님의 임재보다 더 커지는 것을 용납하면 안 된다. 문제로 인해 마음이 요동하게 되면, 문제가 크게 보이기 시작할 것이다. 우리는 문제를 다룰 때 문제의 희생자가 되지 않도록 주의해야 한다.

종종 우리는 불평이 문제를 해결한다고 생각한다. 실제로 그렇게 하는 것은 현실을 진리(답)보다 높이는 것이다. 나는 문제를 불평하고 높이는 것이 사실상 부정적으로 예언하고 더욱 크게 만든다고 확신한다.

순회 사역으로 브라질 리우데자네이루에 가면서 일어난 이야기를 잠깐 하고 싶다. 치유와 관계없는 내용이지만, 주님께 큰 교훈을 받은 사건이다.

집으로 가기 위해 비행기에 탑승하고 있는데, 탑승 통로에서 한

여성이 고양이가 들어 있는 작은 우리를 들고 서 있었다. 나는 친구에게 고양이는 비행기에 반입하면 안 된다며 탑승한 고양이에 대해 불평을 늘어놓기 시작했다. 비행기는 승객들로 가득한 747-400 보잉기였다. 비행기 앞쪽에 앉아서 고양이 우리를 든 여성이 기내로 들어오는 모습을 보고 복도 쪽으로 고개를 기울였다. 그리고 다시 불평을 시작했다. "저 고양이는 내 근처에 얼씬도 하지 않는 게 좋을 거야. 나는 고양이 옆에 앉는 비용까지 지불하지는 않았어." 그 여성이 내 옆을 지날 때 고양이가 울었고, 그녀는 고양이 때문에 뒤쪽으로 가야 했다. 나는 몇 분 동안 친구에게 불평을 늘어놓았다. 불평하면 고양이가 내 근처에 오지 않을 것이라고 생각했는지도 모른다. 비행기 문이 닫히고 이륙 준비를 하던 참이었다. 기내에 빈 좌석이 딱 하나 있었는데, 바로 내 뒷좌석이었다. 뒷줄에 앉은 여성이 자신의 재킷을 빈 좌석에 올려놓았다. 그때 승무원이 그 좌석에 앉을 승객이 있으니 재킷을 치워 달라고 부탁했다.

 그 순간, 내가 꼼짝없이 고양이와 같이 가야 한다는 사실을 직감하면서 가슴이 뛰기 시작했다. 고개를 돌려 복도를 바라보았다. 여성이 고양이와 함께 자리에서 일어나 앞좌석으로 걸어오고 있었다. 그녀는 내 뒷좌석으로 안내받았다. 내가 말하지 않아도 고양이가 누구 좌석 아래에 있었는지 짐작할 것이다. 고양이는 워싱턴 DC 공항으로 가는 내내 울어댔다. 불평으로 예언한 나 자신을 생각하니 헛웃음이 나왔다.

비행기가 착륙한 후, 나는 입국 심사를 밟고 짐을 찾아 세관을 통과했다. 그런 다음, 보안을 통과하여 터미널을 이동해 샌프란시스코행 비행기에 탑승했다.

라운지에서 탑승 안내를 기다리고 있을 때였다. 탑승자 줄에 서서 뒤돌아보니 뒷좌석에 앉았던 여성과 고양이가 보였다. 친구에게 말했다. "나는 고양이가 좋아. 저 고양이에게 여행의 자비와 은총이 있기를…."

그때 여성이 말했다. "어머, 제가 게이트를 잘못 찾아왔네요." 그녀는 떠났고 다시는 그 고양이를 볼 수 없었다.

우리는 현실에 대해 불평하지만 알고 보면 별거 아닌 것들이다. 우리는 문제에 사로잡히지 말아야 한다. 진리에 주의를 기울이고 우리 안에 답을 지니고 그것을 풀어놓는 곳에 살아야 한다. 현실은 변하지만 진리는 변하지 않는다.

현재 당신이 아플 수 있지만, 예수 그리스도가 당신의 치유자라는 사실이 진리다.

현재 당신이 재정적으로 어려울 수 있지만, 예수님이 당신의 공급자라는 사실이 진리다.

현재 당신이 사랑스럽지 않다고 느껴질 수 있지만, 예수님이 당신을 매우 사랑하신다는 사실이 진리다.

현재 당신에게 불안정한 가족 구성원이 있을지 모르나, 예수님이 당신의 회복자라는 사실이 진리다.

> 현실은 변하지만, 진리는 변하지 않는다.

진리를 아는 것이 우리를 자유롭게 한다. 이것은 단순한 진리가 아니다. 진정한 진리는 우리 모두를 자유롭게 한다. 요한복음 8장 32절은 말씀한다. "진리를 알지니 진리가 너희를 자유롭게 하리라."

진리의 영이신 그분은 현실의 영이 아니므로 현실을 증언하시지 않는다. 진리를 바라보며 감사하는 자리에 살자. 감사가 하나님 나라를 확장시킨다.

믿음 VS 논리

믿음이 있으면 어려운 현실 속에서도 흔들리지 않고 믿을 수 있다. 논리에 흔들리지 않도록 주의해야 한다. 논리는 쉽게 속삭인다. "이것이 어떻게 일어날 수 있겠는가?"

누가복음 1장은 사가랴와 엘리사벳의 이야기다. 사가랴는 성전의 제사장이다. 대제사장인 그와 엘리사벳 사이에서 아직 아이가 없었다. 아내 엘리사벳이 아이를 낳지 못했을 뿐 아니라 가임 연령이 지났다.

어느 날 사가랴는 성전에서 반열대로 분향하며 제사장 직무를 행하고 있었다. 큰 무리가 기도하기 위해 모였고 자신들이 아는 선에서 최선을 다해 하나님께 마음을 드렸다. 그때 한 천사가 나타나 하나님의 메시지를 전하며 사가랴를 깜짝 놀라게 했다.

천사가 나타났을 때 사가랴는 당황했고, 천사가 입을 열어 말했다. "사가랴여 무서워하지 말라 너의 간구함이 들린지라 네 아내 엘리사벳이 네게 아들을 낳아 주리니 그 이름을 요한이라 하라 너도 기뻐하고 즐거워할 것이요 많은 사람도 그의 태어남을 기뻐하리니"(눅 1:13, 14). 이 아이가 세례 요한이다. 세례 요한은 위대한 메시아를 위해 회개하고 준비하라고 하나님이 보내신 선지자다.

천사는 어떤 기도를 언급했는가? 그것은 분명 엘리사벳의 임신을 위해 사가랴가 여러 해 동안 공들인 기도였다. "너의 간구함이 들린지라" 천사가 사가랴에게 말했다. 원어로는 "네가 더 이상 간구하지 않는 기도"를 의미한다. 여기에서 우리가 추측할 수 있는 사실은 사가랴가 기도를 멈추었고 아버지가 될 가능성도 생각하고 있었다는 것이다.

이것은 하늘에서 전혀 문제가 되지 않았던 것 같다. 그가 하나님께 드린 수년간의 기도는 여전히 하늘에 기록되어 있다. 우리가 진실한 마음으로 기도하고 믿으면, 기도가 하늘에 올라가 기록으로 남는다. 더 많이 기도할수록, 더 많은 기도가 하늘에 쌓인다. 우리는 그 기도들이 천국에서 또는 천국으로 가는 중 어딘가에서 증발했다는 응답을 받은 적이 없다. 우리의 기도는 계속 하나님 앞에 머물며 우리의 이야기를 전한다.

천사가 로마의 백부장에게 했던 말을 기억하라. "네 기도와 구제가 하나님 앞에 상달되어 기억하신 바가 되었으니"(행 10:4).

사가랴의 기도는 어딘가로 사라지지 않고, 하나님의 특별한 메신저가 찾아오는 날까지 쌓여 합산되었다. 우리 인생에는 응답을 구하며 기도로 인내하는 법을 배워야 하는 시기가 있다. 기도의 능력이 막을 수 없는 조류가 되어 돌파를 일으킬 때까지, 우리는 매일 믿음의 기도를 쌓아야 한다.

사가랴는 누가복음 1장 18절에서 무심코 이의를 제기하면서 최근에 아기를 갖기 위해 더 이상 기도하지 않았다는 사실을 드러낸다. 그는 천사에게 이렇게 질문한다. "내가 이것을 어떻게 알리요 내가 늙고 아내도 나이가 많으니이다." 논리적인 질문이다. '논리적(불신)인 질문'과 '더 많은 사실을 듣고자 하는 질문'은 다르다. 사가랴는 논리적인 질문을 했다. 엘리사벳과 자신을 위해 아이를 구하는 것을 포기했기 때문이다.

누가복음 1장에서도 주님의 천사가 마리아 앞에 나타나 메시지를 전한다. "마리아여 무서워하지 말라 네가 하나님께 은혜를 입었느니라 보라 네가 잉태하여 아들을 낳으리니 그 이름을 예수라 하라"(눅 1:30, 31). 마리아는 천사에게 물었다. "나는 남자를 알지 못하니 어찌 이 일이 있으리이까"(눅 1:34). 그녀는 단순히 더 많은 이야기를 듣고자 질문하고 있는 것이다. 천사가 더 많은 이야기를 들려 주자 마리아는 말한다. "주의 여종이오니 말씀대로 내게 이루어지이다"(눅 1:38).

마리아는 천사에게 더 많은 이야기를 듣고자 질문하면서 하나님의 말씀을 믿기로 마음을 정했다. 마리아는 하나님을 비판하지 않았고, 하나님의 능력을 의심하지 않았다. 그녀는 단지 더 많은 사실을 알기 원했고 그분의 말씀을 믿었다. "그것이 어떻게 가능하죠? 믿지 못하겠습니다." "그것이 어떻게 가능하죠? 그렇지만 저는 당신의 말씀을 믿습니다." 이 두 질문은 차원이 다르다.

잠시 사가랴 이야기로 돌아가자. "이것이 어떻게 네게 일어날지 내가 정확히 설명하겠다. 하나님이 오셔서 너희들에게 권능을 주시면 이 모든 일이 일어날 것이다. 엘리사벳이 아들을 잉태할 것이다." 우리는 천사가 사가랴에게 이렇게 응답했을 것이라고 생각할지 모른다. 그러나 천사는 그렇게 하지 않았다. 주님의 천사는 하나님을 대신해서 무슨 일이 일어날지 이미 선언했다. 그래서 더는 논할 것이 없었다.

하나님이 천사를 통해 엘리사벳의 잉태 소식과 아이의 이름을 요한으로 지으라고 이르시며, 요한이 주님 보시기에 큰 자일 것이라고 말씀하셨다.

> 보라 이 일이 되는 날까지 네가 말 못하는 자가 되어 능히 말을 못하리니 이는 네가 내 말을 믿지 아니함이거니와 때가 이르면 내 말이 이루어지리라 하더라 눅 1:20

사가랴의 입이 9개월 동안 닫혔다. 그가 하나님의 말씀을 믿고 받아들이기보다는 하나님의 능력을 의심하며 논리로 믿음을 가로막았기 때문이다. 이처럼 논리가 믿음을 가로막는 경우가 또 있다.

> 이에 예수께서 다시 속으로 비통히 여기시며 무덤에 가시니 무덤이 굴이라 돌로 막았거늘 예수께서 이르시되
> 돌을 옮겨 놓으라 하시니 그 죽은 자의 누이 마르다가 이르되 주여 죽은 지가 나흘이 되었으매 벌써 냄새가 나나이다 요 11:38, 39

마르다는 논리에 가로막혀 기적이 어떻게 일어나는지 이해하지 못했다. 그녀는 돌이 주님의 답보다 더 크게 보이도록 허락하고 말았다. "예수께서 이르시되 내 말이 네가 믿으면 하나님의 영광을 보리라 하지 아니하였느냐 하시니"(요 11:40). 그분은 자신과 자신의 말씀 가운에 닻을 내릴 만큼 강한 믿음을 찾고 계셨다. 믿음은 인내를 필요로 하곤 한다. 우리는 절대 포기하지 말아야 한다. 스스로 문제를 해결하려고 하면 안 된다.

내일의 응답을 오늘 받을 수 있다면 얼마나 좋겠는가. 그리고 우리 모두 해낼 수 있다는 사실에 의심의 여지가 없다. 그렇지만 응답이 오지 않으면 어떻게 하겠는가? 포기할 수 없다. 우리는 자신이 어떤 분인지 말씀하신 하나님을 계속 신뢰해야 한다. 끝까지 믿어라. 당신은 하나님이 당신에게 돌파를 일으킬 것이라는 사실을 안

다. "믿는 자에게는 능히 하지 못할 일이 없느니라 하시니"(막 9:23).

당신의 삶에서 뜻대로 일이 되지 않고 무엇을 해야 할지 모를 때, 기적이 어떻게 일어날 것인지 논리적으로 시험하고 해결하려 하지 마라. 믿음의 주요 온전하게 하시는 예수님께 시선을 고정하라. 믿음으로 인내하고 포기하지 마라. 그분의 눈을 쉼 없이 바라보라. 주님을 불신하기보다는 신뢰하며 세상을 살다 가는 편이 낫다.

느낌 VS 신뢰

수없이 많은 사람이 내게 동일한 질문을 한다. "병자를 위해 기도할 때 아무것도 느껴지지 않습니다. 저한테 문제가 있을까요?" 하나님이 하시는 일을 느끼거나 보면 정말 신기하다. 누군가에게 사역할 때 나를 통해 흐르는 하나님의 힘을 경험할 때가 드물게 있다.

그러나 이런 방식은 일반적이지 않다. 나는 자신이 어떤 분인지 말씀하신 하나님을 신뢰하는 것에 열중한다. 그리고 내가 그분 안에 있고 그분이 내 안에 계신다는 확신으로 산다.

어떤 사람이 누군가의 체험을 들은 후 낙심하여 울면서 내게 왔다. 하나님이 치유하신다는 사실을 알았을 때 팔의 털이 서고 손이 빨갛게 되었다는 이야기를 들은 그에게 말해 주었다. "참 잘된 일입니다. 그러나 하나님이 치유하기를 바란다는 사실을 알기 위해 손이 뜨거울 필요도, 털이 설 필요도 없습니다. 모든 질병을 치유하는 것이 그분의 뜻입니다. 당신은 그분이 당신 안에 사신다는 사실을 신뢰하면 됩니다."

하나님의 치유를 느끼는 것과 하나님의 치유를 신뢰하는 것은 같다고 볼 수 있다. 누군가를 치유하는 것이 하나님의 뜻이라는 사실을 알기 위해 방에서 천사를 볼 필요는 없다. 모두를 치유하는 것이 하나님의 뜻이고, 쓰임받기 원하는 자를 사용하는 것이 하나님의 마음이라는 사실을 나는 확신한다. 하나님을 느끼는 것보다 신뢰하는 것에 대한 말씀이 성경에 더 많다.

그러나 당신이 애쓴다고 해서 하나님에 대한 믿음이 생기지는 않는다. 우리를 향한 그분의 마음, 성품, 인격을 이해하는 가운데 그분에 대한 신뢰가 차츰 발전한다.

장전된 손

성도인 우리에게는 '하나님의 능력이 장전된 손'이 있다고 확신한다. 다만 '믿는 성도인가', '믿지 않는 성도인가'에 따라 다를 뿐이다. "또 여기 있다 저기 있다고도 못하리니 하나님의 나라는 너희 안에 있느니라"(눅 17:21).

북아메리카에서 치유 콘퍼런스를 하고 있었다. 신경 장애가 있는 사람이 있으면 자리에서 일어나 달라고 했다. 교회 2층 뒤쪽에서 한 신사가 일어섰다. 나는 그를 향해 외쳤다. "당신입니까?" 그 순간 그는 털썩 주저앉았다가 손을 짚으며 앞으로 고꾸라졌다. 나는 무슨 일이 일어났는지 살펴보려고 발코니석으로 사역 팀원을 보냈다. 몇 분 후에 그 남성이 벌떡 일어나더니 무슨 일이 일어났는지 큰 소리로 설명하기 시작했다. 그러나 기적의 기쁨에 들떠 있는 군중 속에서 그의 말을 알아들을 수가 없었다. 그래서 그에게 내려와서 이야기해 달라고 요청했다.

그는 앞으로 나와서 내게 설명했다. 그의 말에 의하면, 내가 그를 가리키자마자 자리에서 일어났는데, 신경 질환에 시달리던 팔과 다리가 크리스마스트리처럼 빛났다고 한다. 그의 눈을 보면서 손바닥에 손을 댔더니 그가 웃기 시작했다. 십여 년 동안 그런 감각을 느껴 보지 못했기 때문이다. 그런 다음 그의 발가락을 살짝 건드렸더니 그가 말했다. "그것도 느낄 수 있습니다." 신경 질환의 원인은 당뇨, 간질환, 다발성 경화증이었다. 그날 밤 그는 전신을 치료받았다.

그는 침대에서 양말을 벗으며 웃었다. 실제로 양말을 벗고 수년 간 그의 발에 있었던 종양이 떨어진 것을 확인했기 때문이다. 다음 날 아침, 그는 인생의 새로운 봄을 느끼며 일어나 샤워를 하다가 피부염이 사라졌음을 깨달았다.

나는 진정으로 하나님 나라가 성도들의 삶 가까이 있다는 확신을 갖고 산다(눅 17:21). 그러므로 우리는 하나님의 능력이 장전된 손을 갖고 있으며, 이 손이 향하는 곳에 주의를 기울여야 한다. 내 치유 콘퍼런스에서 99퍼센트의 기적이 참석한 성도들의 손을 통해 일어났다. 나는 성도들이 치유와 기적의 부름에 응하는 아픈 이들에게 손을 얹어 기도하게 한다.

많은 사람이 하나님께서 치유하기 원하신다고 믿지만, 자신들을 통해 치유하기 원하신다는 사실에는 확신을 갖지 못한다. 사람들의 손을 주머니에서 꺼내 아픈 사람에게 얹게 하는 것이 중요하다. 이것은 과거의 신학past theology을 딛고 하나님과의 만남으로 나아가는 과정이다.

최근 친구의 교회에 다녀왔다. 예배당으로 가기 전에 친구가 내게 말했다. "오늘 밤 여기 모인 사람들은 모두 기적이 2천 년 전에 초대교회에서 끝났다고 믿고 있어."

나는 웃으며 말했다. "그들은 단 한번의 만남 후 믿음에서 멀어졌지." 기적의 시간이 되었다. 그 교회의 교인 중 한 명이 어깨 회전근개 파열 문제로 일어났다. 나는 주머니에 손을 굳게 찔러 넣고 있는 그의 옆 사람에게 안수를 부탁했다. 그는 주머니에서 손을 빼내어 (치유를) 믿지 않는 친구에게 얹었다.

나는 그의 어깨에 누가 손을 대든 하나님께서 치유하기 원하신다는 사실을 알았기 때문에 기쁨으로 가슴이 벅찼다. 그분은 자원하는 그릇을 찾고 계신다.

그 남성은 어깨가 치유되었는지 시험하며 완전히 나은 것을 확인하더니 놀라는 기색이 역력했다. 치유된 자와 기도한 자 모두가 방금 일어난 기적을 보고도 믿기지 않는다는 듯 눈이 휘둥그레졌다.

성도의 손에는 하나님의 능력이 장전되어 있으며, 그들 안에 거하는 분이 치유하기를 바라신다. 성도들이 그분을 느낄 수 있는지와 상관없이. 나는 항상 그들에게 이 사실에 대한 믿음을 심어주고 싶다. 그분은 살아 계시고 성도의 삶 가운데 거하신다. 그리고 나타나기를 원하신다.

> 당신의 손에 하나님의 능력이 장전되어 있다는 사실을 진심으로 믿으면, 당신의 손이 향하는 곳에 대해 다시 한 번 생각할 것이다.

유럽의 어느 교회에서 주일 저녁 설교를 했다. '우리를 하늘에 앉히셨다'는 말씀을 에베소서에서 어떻게 전하고 있는지 한창 설교 중이었다. 우리가 하늘에 앉아 있다면 하늘과 땅 사이를 잇는 도관導管 같은 존재이며, 하나님과 함께 풍성한 곳에서 기도할 기회가 있다는 설명을 했다. 그런 다음 질문했다. "하나님의 능력이 나타난다면 누구를 통해 나타나겠습니까?" 나는 공중에 손을 뻗어 천장의 빛을 가리켰다. '능력'이라는 말이 내 입에서 나가는 순간, 그곳에 쿵 하는 소리가 엄청나게 크게 울려 퍼졌고 전등이 모두 꺼졌다. 반짝이는 빛이 바로 내 앞에서 큰 예배실을 가로질러 흘렀다. 나는 전망이 좋은 최상의 위치에 있었다.

잠시 어안이 벙벙해서 우두커니 서 있었다. 악한 영이 예배를 망치려는 짓인지, 아니면 하나님이 능력을 나타내시는 건지 감이 잡히지 않았다. "마이크로폰이 없어도 당신의 음성이 전달될 수 있을까요?" 가능하다는 통역사의 대답에 나는 말했다. "어둡지만 계속 진행합시다." 그리고 하나님의 '능력'에 대한 메시지를 전하기 시작했다. 그런데 '능력'이라는 단어가 언급되자 사운드가 다시 켜졌다.

저녁 설교를 하면서 많은 기적을 볼 수 있었다. 다음 날 인접한 국가로 건너가 설교를 준비하며 교회 정원에 앉아 있었다. 전력회사 관계자가 어젯밤에 일어난 정전으로 교회를 점검했다는 내용의 이메일이 도착해 있었다. 퓨즈, 차단기, 회로 등 끊어진 것도 없었고 이렇다 할 원인을 찾을 수 없었다는 내용이었다. 그날 밤의 일은 아직까지 설명할 수 없는 미스터리로 남아 있다.

성령님은 신사다. 그러나 격식을 갖추시지 않을 때도 있다. 하나님을 경외하는 것에 대하여 새로운 계시를 논하라. 이것이 하나님께서 행하시는 여정의 시작이다. 그분은 하나님의 능력이 장전된 손을 가진 성도들에게 말씀하신다. 우리 손이 살아 있는 하나님의 능력으로 장전되어 있다는 사실을 믿는다면 우리가 얼마나 더 많은 기적을 볼 수 있겠는가?

6

천국 전하기

예수님이 세례받으실 때 하늘이 열리고 하늘로부터 음성이 들렸다. "이는 내 사랑하는 아들이요 내 기뻐하는 자라 하시니라"(마 3:17). 이 구절을 원문에서는 '하늘을 찢는 격한 액션'이라고 언급한다. 많은 성도가 하나님께 하늘을 열어 달라고 몇 주씩 기도한다. 그러나 하늘은 이미 열렸고 닫히지 않았다. 결과가 부족하면 우리는 하늘이 닫혔다는 생각의 오류에 빠진다.

　예수님이 매를 맞으시고 십자가에 달리시면서 대가를 모두 지불하셨다. 그로 인해 하늘이 열렸고 하나님이 성도들 안에 거하신다. 그런데 우리는 기적의 부재로 천국 문이 닫혔다면서 하늘을 침노해야 하고 하늘을 열어 달라고 하나님께 간구해야 한다는 결론을 내린다.

　천국은 벌써 열렸다. 우리는 이미 하늘의 기운을 지니고 다닌다. 나는 그분이 해야 할 다른 무언가가 있다는 듯이 하늘을 열어 달라고 부르짖어 구하지 않을 것이다. 나는 도래하고 있는 더 큰 차원의 열린 하늘이 있다고 믿고 기도한다. 우리가 그리스도 안에 있을 뿐만 아니라 그리스도가 우리 안에 거하신다. 이러한 정체성을 깨닫고 일어나는 성도들에 의해 하늘이 임한다고 믿는다.

우리 안에 살고 계신 분이 어떤 분인지 깨달을 때 우리는 하늘의 기운을 전하고 풀어놓을 수 있다. 우리는 '온도 조절기'인가, '온도계'인가? '온도를 정하고 있는가', '온도를 재고 있는가'? 만일 온도를 재며 기적에 적합한 기운인지를 판단하고 있다면, 이미 기적을 놓친 것이다.

나는 힐링 룸 팀원들에게 말한다. "우리는 이곳에 오는 아픈 이들을 위해 기운을 조성합니다. 팀원들을 위해서가 아닙니다." 준비되지 않으면 엄청난 기적을 놓치고 만다. 우리는 기적을 일으키는 기운을 찾을 필요가 없다. 기적의 기운을 조성해야 한다.

초자연적 사역을 하는 벧엘 학교에서 치유를 주제로 수업하면서 마가복음 5장의 혈루병 여인 이야기를 나눴다.

> 열두 해를 혈루증으로 앓아 온 한 여자가 있어 많은 의사에게
> 많은 괴로움을 받았고 가진 것도 다 허비하였으되 아무 효험이 없고 도리어 더 중하여졌던 차에
> 예수의 소문을 듣고 무리 가운데 끼어 뒤로 와서 그의 옷에 손을 대니
> 이는 내가 그의 옷에만 손을 대어도 구원을 받으리라 생각함일러라
> 이에 그의 혈루 근원이 곧 마르매 병이 나은 줄을 몸에 깨달으니라 막 5:25-29

예수님이 여인에게 "평안히 가라"고 말씀하셨다. 이 구절은 성경에서 여러 번 등장한다. 사도행전 16장 36절에서 감옥 간수가 바울에게 말한다. "나가서 평안히 가라." 작별 인사처럼 말 그대로 "평안히 가라"는 뜻이다. 원문에서 "go in peace 평안히 가라"의 'in'은 'en ~안에'으로 'in'을 뜻한다. 이와 달리 마가복음 5장 34절 혈루병 여인 이야기에서 등장하는 "go in peace" 구절의 'in'은 원어로 'en ~안에'이 아닌 'es ~으로'다. 이것은 사실 "go into peace 평안으로 들어가라"를 뜻하므로 "go in peace 평안히 가라"와 다른 의미다.

예수님의 말씀은 '평안 shalom'으로 들어가라는 뜻이었다. 즉 방이나 집으로 들어가듯이 '평안 shalom'의 공간으로 들어가라는 것이다. 여인은 치유받았을 뿐만 아니라 온전함을 받았다. 예수님 말씀은 사실상 "평안으로 들어가서 치유받으라"는 의미였다. 마가복음 5장 29절에서 그녀는 이미 치유되었다. "평안으로 들어가 치유받으라 go in[es] peace and be healed"의 원어는 "평안으로 들어가서 계속 건강하라 go into peace and continue to be well" 또는 "평안으로 들어가서 계속 건강을 유지하라 go into peace and continue to maintain your health"는 의미이다.

여기에서 예수님은 우리에게 신성한 건강의 비결을 말씀해 주신다. 그분은 이 여인이 고통 받게 된 근본적인 원인이 평안의 결핍 때문이었다고 말씀하고 계신다. 여인은 그에 대한 답(예수님)을 만났을 때 치유 받았다. 문제의 근원은 부차적으로 언급되었다.

나는 문제의 기운보다 우리가 지니고 다니는 기운을 인식하며 사역하는 방식, 여인에게 "go into peace 평안으로 들어가라"라고 하신 예수님의 방식을 학생들에게 가르치고 있었다. 그러는 동안에 예수님의 역할을 하는 내 모습을 발견했다. 한 남성 앞에 멈춰 서서 혈루병 여인에게 하듯이 말했다. "그 문제는 당신의 것이 아닙니다." 그리고 앞줄의 첫 번째 여성이 있는 곳까지 걸어가서 다시 설교를 시작했다. 화요일에 이 일이 있은 후, 그 주 금요일에 열여덟 살의 어린 학생이 와서 물었다. "간증을 듣고 싶으세요?" 물론 나는 원했다.

"저를 기억하세요?"

"미안합니다. 기억이 나지 않습니다."

"이번 주 화요일에 하신 설교를 기억하세요? 그때 목사님은 한 남성 앞에 서서 마가복음 5장의 혈루병 여인에 대해 말씀하셨어요."

"네, 그 설교를 했습니다."

"그때 목사님은 앞줄의 첫 번째 여성이 있는 곳까지 이동하셨는데, 그 사람이 바로 저예요."

그 학생은 그날 다낭성 난소증후군이 치유되었다고 말했다. 담당의는 그녀에게 앞으로 아이를 가질 수 없다고 했다. 나는 그녀에게 치유된 것을 어떻게 알았는지 물었다. 그녀는 내가 자기 앞에 섰을 때 알았다고 하면서 다음 날 학교에서 예배 드리는 동안 복부에 경련이 일어나더니 생리를 시작했는데, 그런 경험은 처음이었다고 했다.

그 다음 주 화요일 수업 시간에, 나는 이 학생의 간증을 나누었다. 그런데 조기 폐경으로 아이를 가질 수 없게 된 학생이 그 여성의 돌파를 축하하자 4년간 멈췄던 생리가 시작되었다.

그로부터 2주 후, 벧엘 트윈 뷰 캠퍼스에서 주일 밤에 하늘의 기운을 전하는 것에 대하여 가르치면서 이 두 이야기를 나누었다. 나중에 어떤 여성이 내게 말했다. "저도 그 수업에 참석했습니다. 다낭성 난소증후군을 치유받은 여성 옆에 앉아 있었습니다." 18개월 전에 어머니가 그녀의 품에서 세상을 떠났고, 그녀는 어머니의 부활을 믿으며 어머니를 붙잡았다. 그녀는 정신적 후유증으로 신체의 많은 기능이 저하되었다. 그런데 지난 18개월 동안 생리를 제외한 모든 기능이 회복되었다. 그녀는 말했다. "수업 시간에 젊은 여성 앞에 서서 혈루병 여인 이야기를 들을 때, 생리가 시작되었어요." 나는 그녀가 교실을 나가는 모습이 기억났고, 당시에 내가 그녀를 불쾌하게 하는 말을 했나 싶었다. 그녀는 몇 분 후에 매우 행복한 표정으로 돌아왔다.

많은 간증이 쏟아졌고 동일한 문제를 치유받은 여성들의 간증이 여전히 이어지고 있다. 어떤 여성은 한 달에 11일 동안 생리를 했다. 그러나 수업 이후 그녀의 생리 기간은 4-5일로 정상 회복되었다. 원래 생리통이 너무 심해서 두통과 구토까지 했다고 한다.

가장 극단적인 경우, 생리통이 너무 심해서 자살을 생각한 여성도 있었다. 그녀는 생리 때마다 복부에 뜨거운 찜질팩을 두르고 침대에서 여러 날을 보내야 했다. 찜질팩 때문에 3도 화상까지 입었다. 그녀의 생리는 11일 정도 지속하였고, 이 중 6일은 아주 힘든 기간이었다. 그녀가 내 수업을 들은 후 거의 모든 고통이 사라졌고 매월 5일씩 생리를 하게 되었다.

이 책을 쓰는 이 시점에도, 혈액 질환을 치유받은 여성들의 간증이 34건에 이른다. 그들 중에 내가 기도해 준 사람은 없었다. 나는 그분이 내 안에 사신다는 사실, 내가 천국을 지니고 다닌다는 사실을 인식하고 풍성한 곳에 거했을 뿐이다.

믿음으로 내 안에 거하시는 그분을 인식할수록, 돌발적인 치유를 더 많이 경험한다. 걸어가고 있는데 지나가던 남성이 내게 와서 말했다. "당신이 사람들 옆을 지나갈 때 사람들이 치유된다는 사실을 아십니까?"

나는 미소 지으며 답했다. "마음에 오는 감동이 있습니다." 그는 전립선암으로 매우 고통받고 있다고 고백했다. 그리고 내가 곁을 지나는 순간 그의 고통이 사라졌다. 며칠 뒤에 그를 다시 보았고 그는 자유로웠다.

또 다른 예로, 레딩에서 한 남성과 악수하며 인사를 나눴는데 그가 나중에 이렇게 말했다. "당신이 사람들을 터치할 때 사람들이 치유된다는 사실을 아십니까?"

"왜 그러시죠?" 나는 물었다. 그는 치아에 농양이 생겨 3일간 고생했는데, 나와 악수를 할 때 농양이 깨끗해졌고 재발하지 않았다고 말했다.

나는 하늘의 기운으로 충만한 성도들의 몸을 꿈꾼다. 성도들의 몸이 하늘로 충만하여 부지중에 기적이 일어나기를 소망한다. 나는 성도들의 몸이 내주하시는 분에 대한 자신감으로 충만하여, 기적이 그들에게 평범한 일상이 되기를 바란다. 내가 첫 번째 여성 앞에 섰을 때 무엇을 느꼈는지 많은 사람이 묻는다. 나는 아무것도 느끼지 못했다. 수업 시간에 하나님의 말씀을 가르쳤을 뿐, 특별한 기적을 좇지도 않았다.

나는 쉬는 날이면 교회 밖에서 연구한다. 3일간의 수업에 참석한 어느 날이었다. 처음 만나는 선생님이 교실 안을 돌면서 우리에게 무슨 일을 하는지 소개해 달라고 했다. 나는 함께 있던 친구에게 말했다. "나는 내가 목사라고 말하지 않을 거야. 그 사실을 말하면 다른 사람들에게 냉대를 받을 것 같아."

"그렇다면 빨리 생각하는 게 좋겠어. 네가 다음 차례야."

선생님은 나를 가리키며 말했다. "당신 차례입니다."

나는 일어서서 말했다. "제 이름은 크리스 고어입니다. 저는 뉴욕 출신이고 지금은 캘리포니아 레딩에 거주하고 있는 작가이자 강사입니다."

> 우리가 누구이며 우리 안에 누가 사는지 의식할 때 우리가 의식하는 것을 지니고 다니며 풀어놓는다.

수업 마지막 날이 되었다. 나는 5분 일찍 짐을 챙겨 퇴실 준비를 했다. 그때 선생님이 나에게 말했다. "크리스, 당신을 개인적으로 만나고 싶습니다. 잠시 기다려 줄 수 있습니까?" 수업이 끝난 후에 그녀는 복도에서 내 눈을 보며 말했다. "저는 당신이 어떤 분인지, 무엇을 하는지 정말로 알고 싶습니다." 나는 그 이유를 물었다. "수업 첫날에 교실에 들어온 당신에게서 특별한 것을 봤습니다. 제가 본 것이 좋았고 그것이 무엇인지 알고 싶습니다." 그녀는 그것을 그 누구에게서도 본 적이 없고 내가 정말로 어떤 사람인지를 궁금해 하였다. 나는 무슨 일을 하는 사람인지 알려주었다. 그리고 내 안에 있는 하늘의 실재를 날마다 풀어놓는 특권과 내가 보았던 것들과 관련해 몇 가지 간증을 나누었다. 그녀는 나를 보며 말했다. "저는 당신에게 뭔가 특별한 것이 있다는 것을 알았어요."

그녀는 학생에게 이메일 주소를 물으면 안 되는 것이 원칙이라고 하면서 덧붙여 말했다. "당신의 메일 주소를 알 수 있을까요? 궁금한 것이 많습니다."

우리가 하나님 나라를 지니고 있다는 사실에 무슨 말이 더 필요하겠는가? 마치 하나님이 궤도 어딘가에 계신 것처럼 그분이 나타나기를 많은 성도가 기대한다. 그들은 그분의 거처가 자신들 안에 있다는 사실을 깨닫지 못하고 살아간다.

하나님이 그들로 하여금 이 비밀의 영광이 이방인 가운데 얼마나 풍성한지를

> 알게 하려 하심이라 이 비밀은 너희 안에 계신 그리스도시니 곧 영광의 소망
> 이니라 골 1:27

초자연적 삶을 살기 위해 우리가 그분의 거처라는 사실에 대하여 주님 안에서 확신을 갖는 것은 중요하다. 우리의 기도 대상자가 치유되고 온전하게 되는 것을 우리보다 하나님이 더 원하신다는 사실에 확신을 가져야 한다. 우리는 믿기 전에 보기를 간절히 원한다. 그러나 우리는 믿어야 한다. 우리가 믿을 때 볼 수 있다.

마가복음 11장에 흥미로운 이야기가 있다. 예수님이 제자들과 베다니를 나왔을 때 배가 고프셨다. 제자들이 무화과나무를 발견하고 따먹을 열매가 있는지 확인하러 갔지만, 아직 무화과 철이 아니라서 잎사귀밖에 보이지 않았다. 예수님이 무화과나무를 향해 말씀하셨다. "이제부터 영원토록 사람이 네게서 열매를 따먹지 못하리라." 그리고 제자들이 이것을 들었다(막 11:14).

다음 날 아침, 제자들은 뿌리부터 마른 무화과나무를 보았다. 이 대목이 나를 사로잡았다. 베드로는 나무를 보고 충격받은 것 같다. "랍비여 보소서 저주하신 무화과나무가 말랐나이다."

"예수께서 그들에게 대답하여 이르시되 하나님의 믿음을 가지라"(막 11:22 YLT). 예수님이 이어서 "무엇이든지 기도하고 구하는 것은 받은 줄로 믿으라 그리하면 너희에게 그대로 되리라"고 말씀하셨다(막 11:24).

베드로는 무화과나무가 말라서 매우 당황했지만, 예수님은 전혀 놀라지 않으셨다. 베드로는 믿기 전에 무화과나무를 먼저 봐야 했다. 그러나 예수님은 죽은 나무를 보기 전에 믿으셨다. 그분은 눈으로 보고자 하는 것을 말씀하셨다. 베드로가 보기도 전에 예수님은 이미 보셨다.

마가복음에서 그 나무가 즉시 죽어 시들었다고 하지 않는다. 제자들이 죽은 나무를 발견한 것은 다음 날이다. 예수님은 나무를 저주하신 순간에 죽은 것이나 다름없다는 하늘의 확신에 차 계셨다.

우리는 암 환자를 위한 기도의 열매를 보지 못한 적이 얼마나 많았는가. 그때 우리는 보지 못했기 때문에 믿지 않았다. 그러나 무화과 나뭇잎은 즉시 떨어지지 않았다. 예수님이 저주하신 순간에 무화과나무 뿌리가 죽었고, 다음 날 아침이 되어서야 나뭇잎이 떨어지고 가지가 시들었다.

> 예수님은 응답받지 못한 기도를 어떻게 다루는지
> 우리에게 가르쳐 주신 적이 없다.
> 자신의 기도가 항상 응답받고 있다는
> 무한한 확신과 신뢰가 있었기 때문이다.

만일 우리가 질병의 뿌리가 제거되도록 기도한 후 암(종양)이 죽은 뿌리에 반응할 시간만 남았다고 믿는다면 어떻겠는가? 내가 환자의 암이 확실히 치유되었다는 사실을 아는 경우 즉석에서 그를 위해 기도해 주지 않는다. 뿌리가 해결되었고 시간이 흘러 치유될 것이라는 사실을 항상 믿어야 했다. 그런 다음 나는 '암이 사라졌다는 의사의 진단을 받고 몸이 회복되었다'는 환자의 소식을 듣는다.

당신은 말할지 모른다. "그렇습니다. 하지만 그것은 마가복음 11장 20절입니다. 마태복음 21장 19절은 어떻습니까. '무화과나무가 곧 마른지라.'" 나는 항상 즉각적인 기적을 추구한다. 그러나 기적이 즉각적으로 확인되지 않을 수 있으며, 의사들의 추가 검진으로만 확인할 수 있는 질환들도 있다. 중요한 것은 누군가의 기도를 받은 후에도 계속 치유가 진행될 수 있다는 사실이다.

나를 만나러 온 셸리는 놀랍게도 내 요지를 뒷받침하는 간증을 해주었다. 이것은 첫 번째 간증으로 편집되지 않은 글이다.

3년 전에 나는 심각한 난소 낭종을 앓았다. 낭종은 딱딱하게 굳어져 있었고 일부는 피로 가득 차 있었다. 거의 종양 수준이었다. 3/4인치에서 3인치까지 크기가 다양했으며 각 난소에 몇 개가 있었다. 난소 낭종은 큰 고통을 유발했고, 복강으로 분비물과 피가 유출되어 염증을 일으켰다. 담당의는 자궁 적출술(난소 및 자궁 제거)이 최선의 방법이라고 했다. 그리고 수술 일정이 잡혔다.

우리 가족은 벧엘교회에서 차로 한 시간 반 정도 떨어진 곳에 살았지만, 우리는 성실하게 예배에 참석했다. (우리는 레딩에서 오랫동안 살았다.) 수술 3주 전 내 질병을 위해 벧엘교회에 기도하러 갔고 사랑이 충만한 기도 사역 커플을 만났다. 그들은 변화를 느낄 때까지 내게 용기를 주고 부지런히 나를 위해 기도해 주었다. 그 결과 고통이 80퍼센트 정도 줄어들어 정말 감사했다. 그러나 복부는 부어 있어서 낭종이 아직 사라지지 않았다는 것을 알 수 있었다. 3주 후 수술 예약에 맞춰 병원에 갔다. 담당의가 복부 초음파 검사를 하면서 수술에 대한 세부사항을 화면으로 보여 주었다. 나는 수술대에 누워서 담당의와 간호사와 함께 초음파 화면을 보고 있었다. 스크린 속 첫 번째 낭종을 측정하면서 수술에 대한 논의를 시작했다.

갑자기 뱃속에서 가벼운 깃털 같은 감각이 느껴졌다. 동시에 초음파 스크린의 이미지가 흐려졌다. 모두 당황했고 담당의가 말했다. "기계가 작동하지 않습니다." 간호사는 황급히 기계 버튼을 조정했다. 스크린에 이미지가 다시 나타났고 낭종이 보였다. 그 순간 갑자기 낭종이 분해되어 사라져 버렸다. 담당의는 극도로 흥분하며 내 복부 위로 초음파기를 돌리고 있었고, 간호사는 여전히 기계 버튼을 조정하고 있었다. 나도 너무 놀라 스크린을 응시하고 있었다. 스크린에서 내장 기관들이 제 자리에 정확히 그대로 있었다. 그러나 낭종은 보이지 않았다. 담당의와 간호사가 숨죽이며 복부를 검진하고 또 검진했다. 담당의가 초음파 기구를 내려놓으며 말하기를,

> "수술은 취소되었습니다. 아무 이상이 없습니다" 하고는 자리를 떠났다. 그 후로 난소 낭종은 재발하지 않았다. 이 간증을 나눌 수 있어 정말 기쁘다.

마가복음 5장에서 예수님이 회당장 야이로의 딸을 죽음에서 건지신다. 나는 이 이야기를 설교에 자주 인용한다. 다음의 구절을 읽어 보자.

아직 예수께서 말씀하실 때에 회당장의 집에서 사람들이 와서 회당장에게 이르되 당신의 딸이 죽었나이다 어찌하여 선생을 더 괴롭게 하나이까

예수께서 그 하는 말을 곁에서 들으시고 회당장에게 이르시되 두려워하지 말고 믿기만 하라 하시고

베드로와 야고보와 야고보의 형제 요한 외에 아무도 따라옴을 허락하지 아니하시고

회당장의 집에 함께 가사 떠드는 것과 사람들이 울며 심히 통곡함을 보시고 들어가서 그들에게 이르시되 너희가 어찌하여 떠들며 우느냐 이 아이가 죽은 것이 아니라 잔다 하시니

그들이 비웃더라 예수께서 그들을 다 내보내신 후에 아이의 부모와 또 자기와 함께 한 자들을 데리시고 아이 있는 곳에 들어가사

그 아이의 손을 잡고 이르시되 달리다굼 하시니 번역하면 곧 내가 네게 말하노니 소녀야 일어나라 하심이라

소녀가 곧 일어나서 걸으니 나이가 열두 살이라 사람들이 곧 크게 놀라고 놀라거늘 막 5:35-42

나는 예진에 이 말씀을 설교하면서 예수님이 믿음의 기운을 보호하기 위해 모두 집 밖으로 내보내셨을 가능성을 고려했다. 이러한 관점에 타당성이 있을 수 있고, 때로 필요한 부분이라고 생각한다. 그러나 한편으로 예수님이 통곡하는 자들을 밖으로 내보내신 이유라고 보기는 어렵다. 사역 여행을 마치고 돌아오는 비행기 안에서 주님께서 말씀하시는 것을 느꼈다.

"네가 설교한 내용은 옳지 않다."

"어떤 부분입니까?"

"통곡하는 자들을 밖으로 보내서 믿음의 기운을 보호하려 했다는 예수님에 관한 부분이다."

나는 무엇이 틀렸는지 여쭈었다. 나는 주님이 매우 분명하게 말씀하시는 것을 느꼈다. "정답을 찾는 것은 네 몫이다." 공교롭게도 조종사가 나타나지 않아서 7시간이 지연되었다. 그래서 나는 연구할 시간을 갖게 되었다. 이것은 내가 깨달은 것이고, 그로 인해 설교 메시지를 전하는 방식이 바뀌었다.

나는 연구하면서 예수님 시대에 전문적으로 통곡하는 자들이 있었다는 사실을 발견했다. 그들은 죽은 자를 위해 통곡했다. 그들이 소녀의 이름이라도 알았는지 모르겠다. 잠시 그들은 통곡해야 했다. 그다음엔 웃으며 예수님을 조롱했다. 예수님이 들어와서 말씀하신다.

너희가 어찌하여 떠들며 우느냐 이 아이가 죽은 것이 아니라 잔다 하시니 그들이 비웃더라 예수께서 그들을 다 내보내신 후에 아이의 부모와 또 자기와 함께 한 자들을 데리시고 아이 있는 곳에 들어가사

예수님은 왜 베드로, 야고보, 요한 외에는 그 누구도 따라오는 것을 허용하시지 않았는가? 왜 통곡하는 자들을 내보내셨는가? 그분은 믿음의 기운을 보호하려 하셨을까?

나는 예수님이 아버지에 대한 신뢰와 하늘의 기운을 가지고 들어가셨을 거라고 생각한다. 그분은 그곳에 도착하기도 전에 통곡하는 자들이 필요 없다는 사실을 아셨다. 통곡이 아닌 기쁨의 시간, 장례가 아닌 부활의 시간이 될 것을 아신 것이다.

> 기운이 어떠한지 확인하기 위해 대적에게 접근하는가?
> 그렇다면 우리는
> 이미 기적을 놓치고 있는 것이다.

예수님은 그 집에 들어가 기적이 일어나기 적합한 기운인지 확인

하기 위해 방의 온도를 측정하지 않으셨다. 그곳을 자신의 온도로 설정할 준비가 된 상태로 들어가셨다. 그분은 온도계가 아니라 온도 조절기였기 때문이다. 예수님 자신이 기상 시스템이셨다.

어떤 상황에 처할 때, 모든 것이 가능하다는 사고방식을 가져야 한다. 그리스도를 죽음에서 일으키신 성령님이 당신 안에 사신다는 확신을 갖고 살라(롬 8:11). 당신 안에 살아 계신 예수님, 즉 응답을 인식할 때 문제가 무의미해질 것이다. 당신이 그분의 성품에 대한 확신으로 가득할 때, 천국의 기운을 온몸에 싣고 풀어놓지 않을 수 없다. 때로 부지불식간에 이 일이 일어난다.

7

하나님의 은혜와
우리의 노력

안식의 사역이 중요하다는 사실을 강조할 때, 편히 앉아서 아무것도 하지 말라는 뜻이 아니다. 하나님 나라의 안식은 활동의 부재와 다른 개념이다. 나는 치유와 기적을 통해 특별한 방식으로 하나님께 쓰임받기를 간절히 원하는 사람들을 보았다. 그들은 하나님이 자신들의 손가락 하나도 움직이지 않고 자신들을 통해 사람들을 주권적으로 치유하실 것이라고 생각하는 것 같다.

나는 그들에게 묻지 않을 수 없다. "당신은 돌파를 보기 위해 얼마나 많은 사람을 위해 기도하고 있습니까?" 많은 사람이 변명을 늘어놓는다. 그리고 어째서 자신들의 손으로 기적을 일으키지 못하는지 의문을 갖는다. "다 이루었다"는 것에 대해 다수가 왜곡된 관점을 가진 것 같다. 그들은 모든 일이 이루어졌기 때문에 할 일이 전혀 남아 있지 않다고 생각하는 것 같다. 그러나 지금이 시작이다. 하나님 나라가 우리 안에서 아무것도 하지 않는 것이 아니라, 우리 안에 있는 능력을 사용해 어둠의 권세를 무너뜨릴 수 있게 한다. 우리가 능력을 사용하기 전에 하늘에 이를 때까지 기다리는 것은 의미가 없다.

오늘날 많은 은혜의 메시지가 하나님의 주권적 측면으로 기울어져 그리스도인을 나태하게 만든다. 예수님이 힘든 일을 마치셨고, 그분의 나라가 이 땅에 임하도록 우리가 해야 할 노력이 아직도 있다. 성경의 많은 이야기가 노력을 하지 않는 사람들이 예수님과의 만남을 놓쳤다는 사실을 보여 준다. 나는 우리의 과업이나 공로에 관하여 말하는 것이 아니다.

누가복음 18장 18절에 젊고 부유한 관리가 등장한다. 그가 예수님께 다가와서 묻는다. "선한 선생님이여 내가 무엇을 하여야 영생을 얻으리이까." 젊은 관리는 예수님을 율법 선생으로 여기고 다가왔고 예수님은 그에게 율법으로 답하셨다. 그는 자신이 모든 율법을 행했다고 예수님께 말씀드린다. 그는 개인의 과업이나 공로의 관점으로 예수님께 다가와 구원을 얻으려 했다.

이제 그는 전 재산을 팔아 가난한 자에게 나눠주어야 한다는 예수님의 말씀을 듣고 근심하며 떠난다. 그는 대단히 부유한 사람이었기 때문이다. 종교가 이와 같다. 당신이 해야 할 일이 항상 하나 더 있다. 그날 이 부유한 관리는 과업 및 공로 중심적 사고 때문에 영생을 얻지 못했다. 그는 자신이 무엇을 해야 하는가로 접근했다. 그렇다고 해서 아무 노력도 하지 않고 가만히 앉아서 아무것도 하지 않아도 된다는 말이 아니다.

작년에 누가복음 18장의 부유한 관리와 19장의 삭개오 이야기를 연구했다. 나는 우리 교육생들에게 두 이야기를 철저하게 비교하고 대조해 오라는 숙제를 내주었다. 하나님의 말씀을 연구하는 것은 대단히 즐거운 일이다. 교육생들은 30가지를 직접 비교하고 대조하여 분석해 왔다.

삭개오도 부유한 사람이었다. 그러나 이야기의 결말은 다르다. 삭개오는 구원을 받았다. 그의 접근 방식은 젊은 관리와 상당히 달랐다.

> 그가 예수께서 어떠한 사람인가 하여 보고자 하되 키가 작고 사람이 많아 할 수 없어
> 앞으로 달려가서 보기 위하여 돌무화과나무에 올라가니 이는 예수께서 그리로 지나가시게 됨이러라 눅 19:3, 4

삭개오는 과업이나 공로 중심적 태도로 예수님께 다가가지 않았다. 그러나 그분이 지나가시던 날에는 노력하고 공을 들여야 했다. 그는 앞서 달려가서 돌무화과나무에 올라가야 했다. 마태복음 9장에서 혈루병 여인은 기적을 위해 군중을 뚫고 그분의 옷자락을 만져야 했다.

우리가 은혜 아래 있기 때문에 아무것도 할 필요가 없다고 말하는 자들은 우리를 나태하도록 부추기는 것과 같다. 보통 두 종류의

성도가 있다. 첫 번째는 믿음(우리의 역할)을 강조하는 사람들이고, 두 번째는 하나님의 은혜(그분의 역할)를 강조하는 사람들이다. 후자는 대개 모든 것이 하나님께 달려 있고, 그분이 원하시면 무엇이든지 하실 수 있다고 믿는다.

이런 극단적인 생각은 모든 것이 하나님께 달려 있다는 당위성으로 귀결된다. 그러면 우리의 역할이 없어진다. 그분의 주권만을 중요시하기 때문이다. 전적으로 그분의 은혜와 주권만을 논한다면, 무엇 때문에 그분에게 우리가 필요하겠는가? 그분이 원하는 자들을 구원하고 치유하실 것이다. 우리가 이런 식으로 접근하면 어떤 일이 일어나도 모두 하나님을 비난할 것이다. 그렇다면 무엇 때문에 하나님을 믿겠는가? 누군가를 위해 왜 기도하겠는가?

복음은 병자와 죽어가는 자들에게 좋은 소식이었다. 그러나 오늘날에는 그것이 하나님의 마음과 뜻에 달린 것으로 인식이 변질되었다.

믿음 자체가 율법일 수 있기 때문에 사람들을 속박할 정도로 믿음을 가르치는 이들이 있다. 그러면 우리는 시키는 대로 해야 한다. 해야 할 일을 놓쳐서 원하는 열매를 맺지 못하고, 다시 원점으로 돌아와 애쓰는 우리 자신의 모습을 보고 만다.

믿음과 은혜는 불가분의 관계로 필수 불가결한 요소다. 하나님의 능력이 우리의 삶 가운데 풀어지게 하려면, 믿음과 은혜가 모두 나타나야 한다. 믿음이 없는 것은 은혜가 아니다. 어떤 이들은 오직 그분의 은혜만 중요하게 여기고 거기에 안주하며 다른 것은 보려 하지 않는다. 반면에 어떤 이들은 중요한 것은 믿음이지 은혜가 아니라고 생각한다. 결론적으로, 두 가지가 모두 필요하며 우리는 고군분투하지 말고 안식 가운데 행해야 한다. 믿음은 수동적인 것이 아니다. 그것은 능동적인 것이며, 은혜로 세워진다.

믿음은 하나님이 은혜로 이미 주신 것을 차지할 것이다. 그리고 그분의 은혜로 말미암기 때문에 그분의 은혜 없이는 존재할 수 없다. 내 뜻을 오해하지 마라. 하나님 앞에 나아가 애걸하듯이 무언가를 해달라고 조를 필요가 없다. 하나님은 은혜로 모든 것을 우리에게 공급해 주셨다. 우리의 역할은 하나님께서 이미 이루셨다는 사실을 믿고 안식하며 은혜 가운데 그분을 바라보는 것이다. 그럴 때 내면에 믿음이 생기고, 우리를 사용하기로 하신 하나님의 선택이 우리의 과업이나 공로가 아닌 그분의 값없는 호의라는 사실을 깨닫게 된다.

진실로 하나님의 순전한 은혜, 당신과 사람들을 향한 그분의 사랑에 대하여 계시받을 때 그분께 자신을 내어 드리게 될 것이다. 이제껏 해본 적 없는 노력을 하고 위험을 무릅쓰는 자신의 모습을 볼 것이다. 무엇 때문일까? 사랑하는 자들이 더 훌륭한 일꾼들을 만들기 때문이다. 나는 하나님의 사랑과 은혜, 예수님의 인격에 대하여 더 큰 지식과 계시로 들어갈수록 그분의 나라가 이 땅에 임하도록 더욱 힘쓴다.

나는 그분의 사랑, 은혜, 선하심, 부드러움, 온유함, 친절함에 마음이 사로잡혀 이 세상에 그분의 사랑을 전할 수밖에 없다. 십자가에 매달려 "다 이루었다"(요 19:30)고 하신 예수님의 마지막 말씀을 구실 삼아 아무것도 하지 않고 편히 앉아 있을 수 없다. 우리는 하나님의 사랑을 받고, 하나님을 사랑하고, 주위 사람들을 사랑하기 위해 태어났다. 예수님이 고난의 보상을 온전히 받으시도록 우리는 가족, 직장, 도시, 종교, 국가를 변화시키는 자들로 태어났다.

8

감사의 능력

감사는 하나님 나라에서 매우 중요하다. 보이는 모든 것에 대해 감사하는 자세를 배워야 한다. 기도해 줄 때나 받을 때나 언제든지 감사는 하나님 나라의 삶을 이 땅에 증진한다.

내가 사람들에게 사역하면서 크게 마주했던 도전 중 하나는, 아직 일어나지 않은 일이 아니라, 일어난 일에 집중하고 작은 일에 감사하는 것이다. 사람들은 감사하지 않는 경향이 있다. 나는 이 예화를 즐겨 사용한다.

오십견이 심해서 팔이 거의 다리에 붙어 있는 사람들이 치유받으러 왔다. 그들은 기도받은 후 다리에서 팔을 4인치 정도 뗄 수 있게 되었다. 열에 아홉은 다음과 같이 반응한다. "그렇지만, 저는 여전히 팔을 들어 올릴 수가 없습니다." 그들은 두 번째 기도를 받고 팔을 어깨 높이까지 움직이게 되었다. 그러나 놀랍게도 그들의 반응은 나아지지 않는다. "그렇지만, 저는 여전히 머리 위로 팔을 올릴 수가 없습니다." 일어나지 않은 일이 아니라, 일어난 일에 집중하는 것의 중요성을 이해하겠는가? 나는 보통 이 시점에 말한다. "일어나지 않은 일에 집중하지 마시고, 일어난 일에 집중하고 감사하십시오. 우리는 감사하며 다시 기도할 것입니다." 비로소 그들은 내 뜻을 이해하고 남은 기적이 나타나는 것을 보게 된다.

2년 전, 사고로 턱이 부서진 젊은 여성에게 사역했다. 외과 의사가 복원 수술을 하다가 실수로 도구를 떨어뜨리는 바람에 설신경이 절단되었다고 했다. 설신경은 혀의 감각적 신경 분포 체계의 일종이다. 그녀는 말을 할 수 없어 치료를 통해 말하는 법을 배우고 두 가지 수술을 추가로 받아야 했다. 외과 의사가 절단된 신경을 복구하려 했지만, 두 번의 수술 모두 실패했을 뿐 아니라 문제를 더 악화시켰다. 그녀는 정상적으로 음식을 맛보기 어려웠고 특정 음식에 과도하게 반응했다. 딸기를 먹을 때는 두통 증세가 나타났다.

그녀는 턱에 손을 얹고 기도를 받았다. 처음에는 아무 일도 일어나지 않았다. 그래서 그녀는 기도를 다시 받았다. 두 번째에도 아무 일이 일어나지 않아 그녀는 세 번째 기도를 받았다. 그녀에게 감각의 변화가 일어나고 있는지를 물었다. 그녀는 목구멍에서 약간 따끔거리는 것이 느껴진다고 답했다. 나는 그녀에게 따끔거리는 것이 일반적으로 나타나는 현상인지 물었다. 그녀는 이전에는 한 번도 느낀 적이 없는 증상이라고 말했다. 그녀에게 감사의 중요성을 설명했고 따끔거리는 목에 집중하고 일어나는 변화에 감사하라고 했다. 그녀는 교회에서 30분 정도 떨어진 곳에 살았다. 엄마가 그녀를 집으로 데려다주는 동안 그녀는 감사했고 완전히 치유되어 소리를 지르기 시작했다. 다음 날 아침 그녀가 크게 기뻐하며 우리에게 말하기를, 몇 년 만에 처음으로 음식의 맛과 혀의 감각을 느낄 수 있었다고 고백했다. 나는 일 년 후에 그녀의 엄마로부터 그녀가 완전히 회복되어 음식을 맛있게 먹을 수 있게 되었다는 기쁜 소식을 들었다.

십자가로 인한 감사

사역할 때 나는 사람들의 미세한 신체 변화를 기대한다. 그들에게서 열기, 한기 또는 호전 증세 등이 보이면 기도를 멈추고 하나님께 감사를 고백한다. 하나님 나라는 언제나 감사와 함께 확장되기 때문이다. 기적은 어느 시점에 일어나는가? 열기가 나타날 때 일어나는가? 이전에는 기능하지 못하던 신체가 움직이기 시작할 때 일어나는가? 아니면 예수님이 모든 병자와 연약한 자들을 십자가로 데려가셨을 때 일어나는가? 우리는 십자가와 십자가에서 지불된 대가에 대하여 감사할 만큼 충분히 새로워질 수 있다.

감사는 우리 삶에서 중요한 부분이어야 한다. 사람들은 기도하는데도 어째서 원하는 돌파를 보지 못하는지 궁금해한다. 우리는 보이는 것에 감사하며 사는 자세를 배워야 한다. 나는 아주 작은 기적을 보는 사람들을 자주 지켜봤다. 그들은 더 큰 역사를 보고픈 열정이 있었지만 경미한 두통의 치유조차 그분께 감사하지 않았다. 그들은 사지를 잃어버린 사람들만 찾고 있었다.

우리는 작은 일의 날을 멸시할 수 없다(슥 4:10). 작은 일에 감사하고 경외하는 것이 중요하다. 작은 일에 감사하면 더 큰 기적이 우리 삶 가운데, 우리 삶을 통해 일어난다.

다음은 몇 년 전에 내가 즐겨 부르던 찬양이다.

거룩하신 분께 감사드리세
독생자 예수 그리스도를 주신 분께 감사하세
그리고 주님이 우리에게 행하신 일로 인해
약한 자는 고백하세 '나는 강합니다.'
가난한 자는 고백하세 '나는 부유합니다.'
(원제 Give Thanks - 역자주)

감사의 능력을 주제로 콘퍼런스를 한 적이 있다. 나는 재정의 돌파에 대해 강의했다. 나는 말했다. "예를 들어 보겠습니다. 제 앞의 남성이 5만 달러 재정의 돌파가 필요합니다." 나는 그의 손에 1센트를 쥐어 주었다. "이 남성은 지금 선택권을 갖고, 이렇게 말할 수도 있습니다. '이 금액으로는 어림도 없습니다.' 한편, 1센트를 인식하고 감사함으로 돌파를 시작하는 대안도 있습니다." 나는 마이크를 그의 입에 가까이 대고 말했다. "당신은 무엇을 하겠습니까?"

그는 말했다. "예수님, 1센트를 주셔서 감사합니다. 정말 감사합니다."

그때 나는 1달러를 꺼내 그의 손에 올려놓았다. 이제 100배가 늘어났다. 그러나 아직 5만 달러까지는 턱없이 부족하다. 그는 다시 감사를 고백했다. 그의 환경을 의식하지 않고 나는 그저 한 가지만 설명하려고 노력했다.

우리는 2시간 동안 점심을 먹으며 휴식을 취하고 있었다. 그가 초롱초롱한 눈빛으로 활짝 웃으며 돌아왔다. 그는 최근에 결혼했고 재정의 돌파가 필요한 상황에 처해 있었다. 점심시간에 부모님 댁에 식사하러 갔다. 그의 부모님은 몇 년 동안 부동산에 집을 내놓았지만 팔리지 않았다. 집이 팔리면 수익의 일부를 그에게 주기로 했고 그 금액은 5만 불이었다. 경기가 좋지 않아서 오랫동안 집을 보러 오는 사람이 없었다. 그런데 점심시간에 느닷없이 부동산 업자가 매입자와 함께 왔다. 매입자는 그 집을 현금으로 구입하기로 협의하고 계약서에 서명했다. 나는 이 일이 우연이라고 생각하지 않는다. 이처럼 감사의 능력은 무궁무진하다.

많은 사람이 감사할 만한 제목이 있다는 생각을 하지 못한다. 호흡해 보라. 당신은 감사할 수 있을 것이다. 당신은 하나님이 독생자를 주신 사실에 감사할 수 있다. 감사는 당신의 삶에서 그리고 당신을 통해 돌파를 증진시킬 것이다.

9

겸손의 능력

강력하게 능력을 발휘하기 위한 학습 중 하나가 겸손을 배우는 것이다. 모든 것이 항상 하나님의 은혜로 말미암는다는 사실을 이해하는 자리에 거하는 것이다. 마치 우리에게서 믿음이 흘러넘치는 것 같이 기쁜 날도 그분의 은혜 때문이다.

> 진정한 겸손은
> 당신 자신을 낮춰 생각하는 것이 아니라,
> 당신 자신을 덜 생각하는 것이다.

우리 안에 그리스도가 거하시며 우리는 그리스도 안에 있다. 우리가 아버지의 권능을 지니고 있다는 사실을 이해하고 능력 있는 삶을 살기 위해 이러한 정체성은 중요하다. 그분은 우리의 아버지이고 우리는 그분의 자녀다. 내가 우려하는 점은, 우리가 아버지의 권한을 받고도 고아처럼 그릇 행할 수도 있다는 사실이다. 아버지의 은혜로 받은 권한을 망각하기 시작하면 그렇게 된다. 우리는 너무 쉽게 특권 의식으로 행하기 시작하며, 우리 자신이 치유받거나 다른 이들을 치유할 자격이 있다고 생각한다.

은혜는 하나님의 과분한 호의다. 그 무엇이든 받을 자격 있는 자는 우리 중 아무도 없다. 모든 것이 오직 하나님의 은혜다.

이 장을 논하기에 앞서, 역사적 배경과 관련하여 설명이 필요하다. 신약에서 예수님은 "다윗의 자손"으로 17회 언급되었다. 그러나 우리는 "어떻게 예수님이 다윗의 자손일 수 있는가?" 하는 물음을 할 수 있다. 다윗은 이 땅에 인간으로 나타나신 예수님보다 약 1천 년을 앞서 살았다. 우리는 사무엘하 7장 14-16절에서 메시아 예수 그리스도는 다윗의 씨에 관한 예언의 성취였다는 사실을 볼 수 있다.

예수님은 약속된 메시아(구원자)였다. 이것은 그분이 다윗의 씨라는 의미이다. 마태복음은 예수님이 법적 아버지인 요셉을 통해 아브라함과 다윗의 직계 자손이었다는 증거를 계보로 보여 준다. 누가복음 3장은 어머니 마리아를 통한 예수님의 혈통을 증언한다. 예수님은 요셉의 양자로 선택되고 마리아의 피로 나신 다윗의 자손이다.

그러므로 구약의 예언과 같이 "다윗의 자손"은 메시아(구원자)의 이름을 지칭한다.

> 여호와께서 그의 종 다윗을 위하여 유다 멸하기를 즐겨하지 아니하셨으니 이는 그와 그의 자손에게 항상 등불을 주겠다고 말씀하셨음이더라 왕하 8:19

다윗은 자손 중 하나가 영원히 통치할 것이라는 약속을 받았다. 예수님은 이 땅에 계시는 동안 "다윗의 자손"이라 불렸으며, 다윗의 도시 베들레헴에서 태어나셨다. 신약은 예수님을 "다윗의 자손"으로 총 17회 언급하며, 마태복음에서 여러 사람이 "다윗의 자손"이라는 이름을 6회 언급하였다. 이것은 메시아(구원자)의 이름으로, 유대인이 예수님을 부르기 위해 사용할 수 있는 이름이었다.

이제 마태복음 15장 21-28절을 살펴보자. 나는 이 말씀을 여러 번 읽었다. 그러나 때로 말씀을 처음 펼치듯이 읽고 문맥의 의미를 연구하는 시간이 필요하다. 가나안 여인이 예수님께 부르짖는다. "주 다윗의 자손이여 나를 불쌍히 여기소서 내 딸이 흉악하게 귀신 들렸나이다"(마 15:22). 이 여인은 유대인이 아니었다. 그녀는 두로와 시돈 지역의 가나안 여인이었다. 이방 여인이 유대인처럼 주님께 다가가 그분을 "다윗의 자손"이라고 불렀다.

23절이다. "예수는 한 말씀도 대답하지 아니하시니." 나는 이 구절의 문맥과 위치를 이해하기 전까지 무슨 뜻인지 파악하기 어려웠다. 왜 예수님은 그녀에게 한 말씀도 하시지 않았을까? 그녀는 왜 주제넘게 예수님께 다가갔을까? 그녀는 예수님을 감동시키려 했을까? 그녀는 유대 땅에 사는 이방 여인이었다. 그런 그녀가 군중을 가로질러 제자들을 지나 이방인이 부르기에 적합하지 않은 메시아 이름을 외쳐 불렀다. 그녀는 자신의 딸이 치유받을 자격이 있는 것처럼 보이기 위해 유대인 행세를 하려 했을까? 이야기는 다음과 같이 이어진다.

> 제자들이 와서 청하여 말하되 그 여자가 우리 뒤에서 소리를 지르오니 그를 보내소서
> 예수께서 대답하여 이르시되 나는 이스라엘 집의 잃어버린 양 외에는 다른 데로 보내심을 받지 아니하였노라 하시니 마 15:23, 24

이 구절에서 예수님은, 자신은 유대인을 위해서만 왔다고 말씀하심으로 그녀가 이방인이라는 사실을 확인시켜 주셨다.

우리는 이방 여인의 마음이 어떻게 변하는지 볼 수 있다. 그녀는 특권 의식, 은혜받을 자격, 즉 공로가 있는 것처럼 행동했다. 그녀는 그분께 나아가 경배하며 말했다. "주여 저를 도우소서"(마 15:25).

은혜와 믿음에 대하여 우리에게 또 다른 시험과 교훈을 주는 예수님의 말씀이 이어진다. "자녀의 떡을 취하여 개들에게 던짐이 마땅하지 아니하니라"(마 15:26).

예수님 시대에 유대인은 이방인을 '개'라고 불렀다. 이것은 매우 경멸적인 용어로, 오늘날에도 많은 곳에서 유대인들은 이방인을 자신들보다 경건하지 않은 민족으로 업신여긴다. 그러나 여기에서 주목할 점은 예수님이 그녀를 '개'라고 부르시지 않고, '작은 개'라고 부르신 사실이다. 그녀의 태도를 가리키신 것 같다. 그분은 그녀를 작은 개라고 부름으로 그녀의 태도를 부드럽게 책망하셨다. 작은 개는 사실 그리스어에서 매우 애정 어린 표현이다. 이방 여인은 굉장히 겸손하고 충만한 믿음으로 예수님께 반응했다. 그로 인해 그녀는 승리할 수 있었다.

> 여자가 이르되 주여 옳소이다마는 개들little dog 도 제 주인의 상에서 떨어지는 부스러기를 먹나이다 하니
> 이에 예수께서 대답하여 이르시되 여자여 네 믿음이 크도다 네 소원대로 되리라 하시니 그 때로부터 그의 딸이 나으니라 마 15:27, 28

우리는 예수님께 나아가면서 우리가 그분의 은혜나 치유받을 자격이 있는 것처럼 행동할 수 없다. 그분은 그녀에게 과분한 은혜를 이해시키기 위해 말씀하신다. "자녀의 떡을 취하여 개들에게 던짐이 마땅하지 아니하니라." 그녀가 말했다. "주여 옳소이다마는 개들little dog 도 제 주인의 상에서 떨어지는 부스러기를 먹나이다."
그녀는 더 이상 주제넘은 행동으로 예수님께 나아가지 않는다.

그녀는 더는 그녀의 공로나 행위로 예수님께 나아가지 않는다. 이제 그녀는 예수님의 과분한 호의, 즉 은혜를 기반으로 나아간다. 그녀는 자신의 대단함, 행위, 공로가 아닌 그분의 크심과 은혜를 바라보고 있다. 그러자 예수님은 그녀의 부르짖음에 응답하셔서 치유의 은혜를 베푸시고 그녀의 큰 믿음을 인정하셨다.

치유는 자녀들의 빵$_{bread}$이다. 우리는 그분이 값을 치르신 모든 것에 접근 권한이 있다. 우리가 그분의 자녀이기 때문에 십자가에서 그분이 값을 치르신 빵과 다른 모든 것에 대한 전적인 권한을 받았다. 우리는 더는 권한을 요구할 필요가 없다. 주제넘은 사고 또는 우리의 공로로 나아가며 고아처럼 행동할 필요가 없다. 진수성찬의 대가가 완전히 지불되었다. 그래서 하나님의 자녀로 가식 없이 그분 앞에 나아가 그분께 속한 모든 것에 접근할 수 있는 온전한 권한을 갖게 되었다는 사실이 나를 겸손하게 한다.

치유받기 위해 하나님이 주권적으로 역사하시기를 기다릴 필요가 없다. 하나님은 치유가 자녀들의 빵이라는 계시를 우리가 받아들이기를 기다리고 계신다. 테이블과 음식이 준비되었다. 당신의 모습 그대로 나아가라. 모든 것이 지불되었다.

그분은 우리가 우리의 모습 그대로 나아가기를 원하신다. 사람들이 자신의 잘못 때문에 질병에 걸려서 치유받을 자격이 없다고 생각하는 경우가 있다. 예를 들어, 담배를 피웠기 때문에 폐암에 걸리고, 건강을 등한시했기 때문에 당뇨에 걸린다고 생각하는 것이다. 그들은 자신이 치유받을 정도로 선하지 않다는 생각으로 나아가며, 현재의 환경이나 질병을 당연한 결과로 생각한다.

그렇다면 우리는 우리의 공로나 행위로 주님께 나아가고 있는가? 이는 어리석은 자세다. 다시 말하지만, 우리는 은혜의 능력으로 나아가는 것이다. 예수님은 당신의 모습 그대로를 원하신다. 우리 공로의 유무를 바탕으로 그분 앞에 나아갈 수는 없다. 우리는 겸손하게 나아가야 한다. 겸손은 예수님의 능력이 우리 안에서, 우리를 통해서 흐르기 위한 발판이다.

> 하나님의 은혜가 온전한 겸손의 신호 중
> 하나일 수도 있다는 사실 인식하기

하나님은 교만한 자를 대적하시되 겸손한 자들에게는 은혜를 주시느니라
그러므로 하나님의 능하신 손 아래에서 겸손하라 때가 되면 너희를 높이시리라
벧전 5:5, 6

이방 여인의 이야기는 훌륭한 믿음과 은혜의 교훈을 담고 있다. '힐링 미니스트리스 Healing Ministries'의 이사인 나는 치유받으러 오는 사람들을 많이 본다. 그들은 자신이 치유받을 자격이 있는 것처럼,

권한이 있는 것처럼 행동한다. 예수님이 우리를 위해 대가를 치르셨기 때문에 치유는 성도의 권한이지만, 특권 의식을 가지면 안 된다. 그분의 은혜를 향한 마음이 없으면 자신의 공로를 의지하고 나아가게 된다. 자신의 공로를 믿고 나아간다면, 그리스도가 헛되이 죽으신 것이 아닌가. 우리가 주님께 믿음으로 나아가지만, 믿음조차 그분의 은혜다.

그래서 복음뿐 아니라 하나님의 은혜가 그토록 강력해지는 것이다. 우리 중 치유받을 자격이 있는 사람은 없다. 자신을 가장하지 말고, 자격 있는 척하지 말고 우리 모습 그대로 예수님께 나아가 은혜 가운데 그분을 인식해야 한다. 그분의 은혜, 공로, 선하심 가운데 그분을 바라보며 나아갈 때 우리는 원하는 모든 것을 얻을 수 있다. "적은 무리여 무서워 말라 너희 아버지께서 그 나라를 너희에게 주시기를 기뻐하시느니라"(눅 12:32).

최근 순회 사역으로 외국에 갈 일이 있었다. 감사하게도 내 딸 소피와 함께 갔다. 나는 항공 마일리지 덕분에 클럽 라운지에 들어갈 수 있었다. 라운지에 입장하려면 스캐너에 탑승권을 올려놓아야 한다. 초록색 불빛이 들어오면 라운지에 들어갈 수 있고, 빨간색 불빛이 들어오면 들어갈 수 없다.

나는 소피를 데리고 클럽 라운지에 갔다. 스캐너에 탑승권을 올려놓자 초록색 불빛이 들어왔다. 소피도 탑승권을 올려놓았지만, 빨간색 불빛이 들어왔다. 라운지 담당 직원은 소피의 빨간색 불빛을 거들떠보지도 않았다. 내 딸이 내 마일리지로 라운지에 들어왔다는 사실을 알기 때문이다.

소피는 아빠와 함께 있기 때문에 자신 있게 라운지에 들어갈 수 있었다. 소피와 나는 제한 없이 식음료 뷔페를 마음껏 즐겼다. 소피는 내가 가진 특권을 모두 누렸다. 하지만 내가 없으면 소피는 라운지 특권을 누릴 수 없다.

이 일을 곰곰이 생각하면서 하나님의 과분한 호의에 대하여 새롭게 이해할 수 있었다. 만일 소피가 나와 동행하지 않고 라운지에 가서 "당신은 제가 누구인지 아세요?"라고 물었다면, 당장 쫓겨났을 것이다. 우리 영이 주제넘은 사고와 특권 의식을 갖고 거만해지면 이와 같은 일이 발생할 것이다. 겸손하게 하나님께 나아가 우리의 공로가 아닌 아버지의 공로를 인정하면, 하나님 나라의 모든 것에 접근 권한을 갖는다. 소피처럼 우리는 하나님 나라에 접근 권한을 얻기 위해 애걸할 필요가 없다. 우리는 아버지의 십자가 공로를 통해 하나님 나라에 접근할 모든 권한을 갖고 있다는 사실을 인식하며 우리의 모습 그대로 나아갈 수 있다.

우리가 두려움 없이 우리 자리를 차지할 때, 하나님이 우리의 삶에 자리를 차지하실 수 있다. 우리가 마음을 비우고 나아갈 때, 그분의 충만함을 받는다. "저는 하나님께 치유받거나 쓰임받을 자격이 없습니다"라는 거짓된 겸손으로 나아가라는 말이 아니다. 이런 극단적 자세는 당신을 하나님 나라로 나아가지 못하게 할 것이다. 자격이 너무 부족해서 하나님이 결코 자신을 사용하지도 않을 것이라는 거짓에 속으며 나아가는 사람들이 많이 있다. 그들은 치유받을 만한 자격이 없다고 생각한다. 이런 마음은 치유되어야 한다. 이것은 대적의 거짓말이다.

우리는 그분의 걸작이다. 우리의 공로로는 치유의 자격이 없을지 모르나, 그분의 은혜로 자격을 갖게 되었다는 사실이 중요하다. 자격지심은 교회에서 깨어져야 한다. 이런 생각으로는 예수님이 온전한 상을 받으시는 모습_{온전히 영광 받으시는 모습}을 보지 못할 것이다.

야고보서 4장 6절 말씀이다. "그러나 더욱 큰 은혜를 주시나니 그러므로 일렀으되 하나님이 교만한 자를 물리치시고 겸손한 자에게 은혜를 주신다 하였느니라."

여기에서 우리는 예수님의 이름을 영화롭게 하고 높인다. 나는 항상 그분께 합당한 영광을 드리고 감사하는 삶을 살고 싶다. 내 능력이나 경건함으로 기적이 일어나는 것이 아니므로, 내가 기쁘게 누리는 모든 기적에 대하여 그분께 언제나 영광드리는 삶을 살고 싶다.

"심령이 가난한 자는 복이 있나니 천국이 그들의 것임이요"(마 5:3). 내 정체성의 바탕은 그분 안에 있는 나, 내 안에 계신 그분을 아는 것이다. 그리고 나는 이것에 대해 더 많은 계시와 이해를 받기 위해 계속 정진할 것이다. 우리는 왕의 자녀로서의 정체성을 생각할 수 있다. 그리고 권한을 갖고 행할 수 있고, 그분의 모든 것이 우리 것이라는 사실을 알고 있다. 단, 고아처럼 자기 의를 내세우면서 얻으려 하지 말고 순복해야 한다. 순복하는 것을 배울수록, 천국의 충만함이 나를 통해 더 많이 나타난다. 그분의 은혜 안에서 안식하는 것을 더 배울수록, 나를 통해 하나님의 능력이 더 흐른다. 은혜와 믿음이 해답이다. 둘 중 어느 것 하나 없이는 다른 하나도 없다.

하나님께 강력하게 쓰임받고, 수많은 기적을 보고, 내 안에 있는 그분의 나라로 인해 고통에서 자유로워지는 것은 매우 감사한 일이다. 그러나 나는 그러한 특권을 가볍게 취하지 않는다. 거만하고 버릇없는 아이처럼 권세를 휘두르고, 자격 있는 자처럼 행하지 않는다. 마음을 비우고 은혜로 그분 앞에 나아갈 때, 하나님 나라의 충만함을 받는다.

내가 봐야 할 것을 보는 것이 내 삶의 특권이다. 기적이 일어나는 것을 보면 참으로 기쁘다. 나는 기적으로 인해 진정으로 겸손해질 것이다. 그분이 아니면 내가 아무것도 할 수 없다는 사실을 알기 때문이다.

10

기억의 능력

나는 휴가를 보내기 위해 가족들과 시애틀에서 알래스카행 유람선을 탔다. 유람선 경로를 통해 유명한 트레이시 암 빙하 경치를 둘러보고 이제 막 돌아왔다.

알래스카 항구 정거장 중의 한 곳에서 회색곰을 보고 싶어 작은 투어 버스를 탔다. 우리는 운전사에게 회색곰을 볼 수 있는 기회가 있는지 물었다. "글쎄요, 알 수 없습니다. 기회가 있을 때도 있지만 없을 때도 있습니다." 우리는 곰을 볼 수 있을 거라는 기대감을 안고 갔다. 이것이 내게 중요하다면 하나님에게도 중요하다는 사실을 알기 때문이다.

경치 좋은 강가에서 멈췄고 모두 경치를 즐기며 버스에서 내렸다. 운전사가 투어 버스를 주차하고 있는데, 사람들이 다음 모퉁이에 회색곰이 있다는 사실을 그에게 알렸다. 신속히 탑승해 달라는 운전사의 요청에 따라 우리 모두 버스에 다시 올랐고, 가능한 한 조용히 하라는 지시를 받았다. 작은 소음도 곰을 놀라게 할 수 있고, 그러면 곰은 바로 도망치기 때문이다.

딸아이 중 한 명은 다른 사람을 배려하지 않고 소리지르는 버릇이 있다. 내 딸이 유료 관광객들의 여행을 망칠 거라는 생각이 들었다. 그러면 모든 것이 우리의 잘못이 될 것이다. 버스가 모퉁이에 다가가자 회색곰 한 마리가 보였다. 마치 아무것도 두려울 것이 없다는 듯 곰이 풀을 응시하고 있는 진풍경이 펼쳐졌다.

버스에는 전면뿐 아니라 후면에도 커다란 유리문이 있었다. 운전사는 곰 옆에 차를 세웠다. 신기하게도 곰이 전면 유리문에서 약 6피트(약 183cm) 거리에 있었다. 운전사는 우리에게 조용히 해달라고 속삭였다. 우리는 모두 창가 자리에 바싹 붙어서 사진을 찍고 있었다. 그때 딸아이가 비명을 질렀다.

곰은 우리를 응시하다가 다시 뒤를 돌아보며 풀을 먹기 시작했다. 살았다! 갑자기 딸이 처음보다 더 크게 소리질렀다. 이러다가는 관광객들이 우리를 곰이 있는 곳으로 던져버릴 것 같았다. 곰이 다시 우리를 쳐다보더니 버스를 향해 몸을 돌려 가까이 와서 뒷다리로 높이 일어섰다. 정말 장관이었다.

여기저기서 카메라 셔터가 바쁘게 터졌다. 가까이에서 세 대의 카메라로 찍은 곰 사진을 지금도 보관하고 있다. 나는 버스 관광객들에게 팁을 받을 준비가 되어 있을 정도로 의기양양해졌다.

배를 타고 트레이시 암 빙하로 접근하면서 촬영한 영상도 갖고 있다. 선장은 26년간 같은 경로를 지나면서 이토록 가까운 거리에서 운항하는 것은 처음이라고 했다.

레딩으로 돌아와 뜨거운 여름날 풀장에 앉아 있었다. 그리고 그 여행을 회상하며 카메라로 사진과 영상을 찍은 이유를 생각했다.

나는 사진과 비디오에 담긴 추억을 생각하고 있었다. 카메라의 목적은 사진을 찍고 과거의 즐겁고 행복한 기억을 꺼내 보는 것이다. 내가 가진 사진은 모두 기억하고 싶은 순간을 담고 있다. 기억하고 싶지 않은 사진이나 비디오는 갖고 있지 않다.

치유 사역의 핵심 요소는 자신감을 배우는 것이다. 나는 많은 사람에게 다음과 같이 말해 달라고 부탁한다. "당신은 기적이 일어나는 것을 보면서 분명 쉽게 자신감을 갖게 될 것입니다." 내가 아무리 매년 많은 기적을 봐도 낙심을 이기는 것은 어렵다. 나는 돌파를 보지 못해 가까운 사람들을 잃은 적이 많다. 그래서 주님께서 하신 일과 하고 계신 일에 초점을 맞추는 훈련을 해야 했다. 일어나지 않은 일이 아니라, 일어난 일에 집중해야 했다.

이스라엘은 재앙을 통해 이집트의 속박에서 해방되었다. 그러나 그들은 이것을 잊었다. 그분이 두루마리처럼 홍해를 가르시고 마른 땅을 지나게 하셨지만 그들은 잊어버렸다. 하나님은 그들에게 만나를 먹이시고 바위에서 물을 내어 주셨다. 그리고 신발이 그들의 발과 함께 자랐고 의복이 닳지 않았지만 그들은 모든 것을 잊어버렸다. 그들의 불신이 그들을 사막에서 무너뜨렸다. 그들은 그분이 어떤 분인지 기억할 수 없었고 그들을 위해 행하실 일을 믿지 못했다. 2세대가 요단에 나아갈 때, 하나님은 자신이 행하신 일을 결코 잊지 말 것을 그들에게 당부하셨다. 여호수아 4장에서 모든 나라가 드디어 요단을 건널 때, 하나님께서 여호수아에게 말씀하셨다.

> 그들에게 명령하여 이르기를 요단 가운데 제사장들의 발이 굳게 선 그 곳에서 돌 열둘을 택하여 그것을 가져다가 오늘밤 너희가 유숙할 그 곳에 두게 하라 하시니라
>
> 여호수아가 이스라엘 자손 중에서 각 지파에 한 사람씩 준비한 그 열두 사람을 불러
>
> 그들에게 이르되 요단 가운데로 들어가 너희 하나님 여호와의 궤 앞으로 가서 이스라엘 자손들의 지파 수대로 각기 돌 한 개씩 가져다가 어깨에 메라
>
> 이것이 너희 중에 표징이 되리라 후일에 너희의 자손들이 물어 이르되 이 돌들은 무슨 뜻이냐 하거든
>
> 그들에게 이르기를 요단 물이 여호와의 언약궤 앞에서 끊어졌나니 곧 언약궤가 요단을 건널 때에 요단 물이 끊어졌으므로 이 돌들이 이스라엘 자손에게 영원히 기념이 되리라 하라 하니라 수 4:3-7

여호수아 4장 23, 24절은 돌들에 대한 이유를 설명한다. 여호수아가 말한다.

그렇습니다. 하나님 여러분의 하나님께서 여러분이 강을 다 건널 때까지 요단 강 물을 마르게 하셨습니다. 전에 하나님 여러분의 하나님께서 우리가 홍해를 다 건널 때까지 우리 앞에서 홍해를 마르게 하셨던 것처럼 말입니다.

그렇게 하신 것은 땅의 모든 사람이 하나님의 구원하시는 손이 얼마나 강한지 알도록 하고, 여러분이 항상 하나님을 경외하도록 하려는 것입니다. 수 4:23, 24 MSG

우리는 하나님의 신실하심을 쉽게 잊어버린다.

디모데후서에서 바울이 디모데에게 말한다. "이는 네 속에 거짓이 없는 믿음이 있음을 생각함이라 이 믿음은 먼저 네 외조모 로이스와 네 어머니 유니게 속에 있더니 네 속에도 있는 줄을 확신하노라"(딤후 1:5 NIV).

하나님의 신실하심은 디모데 가문의 유산이었다. 디모데의 외할머니가 주님을 믿었고, 주님은 그녀를 실패하거나 실망하지 않게 하셨다. 그의 어머니도 주님을 믿었으며 실패하거나 실망한 적이 없었다. 디모데는 상당한 스트레스와 어려움을 겪고 있었다. 그리고 바울이 디모데에게 상기시킨 것은, 하나님이 디모데의 외할머니와 어머니에게 실패를 허락하지 않았듯이 디모데도 포기하지 않으실 것이라는 사실이었다.

디모데후서 1장 6절에서 바울이 디모데에게 말했다. "그러므로 내가 나의 안수함으로 네 속에 있는 하나님의 은사를 다시 불일듯

하게 하기 위하여 너로 생각하게 하노니"(딤후 1:6 KJV). "너로 생각하게 하노니"에 초점을 맞추기 바란다. 이것은 'anamimnesko'라는 그리스어에서 유래하며 'ana'와 'mimnesko'의 복합어. 'ana'는 '다시' 또는 '무언가를 반복하다'는 뜻이며, 'mimnesko'는 '기억 같은 것을 상기하다'를 의미한다.

두 단어가 결합하면 '다시 만나다' 또는 '기억을 다시 생각해 내다'는 뜻이다. 'ana'라는 짧은 단어는 기억을 반복적으로 재생하는 의미를 담고 있으며, 과거에 하나님이 반복해서 우리를 구원하고 해방한 것을 상기시킨다. 여호수아처럼 우리는 하나님이 우리를 위해 하신 일을 잊지 말아야 한다. 때때로 당신은 자신을 상기하고, 하나님이 어떻게 하셨는지 절대 잊지 말아야 한다.

하나님께서
- 당신을 치유하셨다.
- 당신을 해방하셨다.
- 당신을 구원하셨다.
- 당신을 인도하셨다.
- 어려운 역경을 극복하게 하셨다.
- 재정적으로 어려울 때 당신에게 공급해 주셨다.
- 대적의 덫에서 당신을 지키셨다.

과거에 일어난 기적과 하나님의 신실하심을 기억하는 것에는 능력이 있다. 우리는 벧엘교회에서 하루 24시간, 일주일 내내 채플 시간을 갖는다. 나는 채플 시간에 소규모의 구성원들과 함께 다음과 같이 기록된 성찬식을 시작한다. "이것은 너희를 위하여 주는 내 몸이라 너희가 이를 행하여 나를 기념하라"(눅 22:19). 나는 항상 잔과 빵을 들면서 말씀에 집중하고, 내가 아닌 예수님에 관한 것이라는 사실을 상기한다. 나는 그분이 완전하게 지불하신 값을 떠올린다. 모든 것이 그분의 은혜다. 내 생애 최고의 날 믿음의 충만함을 느끼는 것도 그분의 은혜다.

과거의 기적과 하나님의 신실하심을 상기하는 것에는 매우 강력한 무언가가 있다. 성경은 실제로 "기억하는 것"을 64회 언급한다. 마태복음 16장, 마가복음 8장에서 제자들이 예수님과 함께 나가 배를 탄다. 마태복음 16장 8절을 보면, 제자들이 빵을 잊고 가져오지 않았다. 그리고 예수님이 그들에게 말씀하신다. "믿음이 작은 자들아 어찌 떡이 없으므로 서로 논의하느냐." 예수님이 물고기 몇 마리와 빵 덩어리로 5천 명을 먹이신 지 얼마 지나지 않았다. 그런데도 제자들은 점심을 챙겨오지 못했기 때문에 배고프다고 불평했다. 가진 음식이 없어도 5천 명의 음식이 생기는 것을 보았다. 그런데 그들은 간식조차 생기게 할 수 없었다.

예수님이 말씀하셨다. "너희가 눈이 있어도 보지 못하며 귀가 있어도 듣지 못하느냐 또 기억하지 못하느냐 내가 떡 다섯 개를 오천 명에게 떼어 줄 때에 조각 몇 바구니를 거두었더냐 이르되 열둘이니이다"(막 8:18, 19).

많은 치유 예배 시간에 참석하면서 내가 하나님이 하고 계신 일을 항상 알고, 이해하고, 듣고, 보는 것은 아닐지 모른다. 그러나 언제나 내가 할 수 있는 것이 하나 있다. 나는 하나님이 이미 하신 일로 살 수 있고 그것을 상기할 수 있다. 사람들은 내게 말한다. "하지만, 저는 목사님이 봤던 것과 같은 기적은 보지 못합니다." 나는 그들에게 답한다. "기적이 당신을 통해 이루어져야 한다고 누가 말했습니까?"

당신이 사야 할 훌륭한 책이 있다. 바로 성경이다. 성경에는 기적의 이야기로 가득 차 있다. 모두 하나님의 기적이다. 우리가 하나님이 이미 이루신 일에 대한 간증을 읽을 때 기준점과 역사를 갖는다. 그리고 그분의 일을 기억하고 사역할 수가 있다. 나는 항상 그분의 업적에 나 자신을 맞춘다. 그분의 업적은 감동적이고 능력 있기 때문이다.

내가 처음 이 계시를 받았을 때, 주님이 내게 보여 주신다고 생각되는 것을 실제로 경험하기 전에는 그것에 대해 설교하고 싶지 않았다.

몇 년 전 남미에서 있던 일이다. 어린 소녀가 등과 다리를 위해 기도해 달라고 부탁했다. 소녀는 한쪽 다리가 다른 쪽 다리보다 4-5인치 짧아서 통굽 신발을 신고 있었다. 나의 첫 번째 반응은 두려움이었다. 소녀의 한쪽 발바닥이 다른 쪽 발목보다 높이 떠 있었다. 내가 잠시 기도했지만 아무 일도 일어나지 않았다. 점차 나는 무슨 일이라도 일으키기 위해 안간힘을 쓰며 기도하는 것처럼 보였다.

당시 여덟 살이었던 내 딸이 반대편에 앉아 있었다. 그래서 나는 어린아이의 믿음을 가진 자들을 데려오는 것이 최선이라는 생각에 딸을 합류시켰다. 그 순간 하나님의 일을 상기하는 능력에 대해 깨우침을 받은 기억이 떠올랐다. 그리고 하나님께 말했다. "하나님, 저는 소녀의 다리를 자라게 할 수 있다는 확신이 없습니다."

그분의 말씀이 선명하게 들렸다. "다리가 자라나는 치유를 본 적이 전혀 없다는 말이냐."

한 달 전쯤, 주일 저녁에 있던 일이다. 빌 존슨 목사님이 다리 길이가 불균형한 사람이 있는지 물었고, 한 여성이 앞으로 나가 강단 의자에 앉았다. 나는 그녀의 다리가 최소 1인치 이상 자라는 모습을 영상 스크린으로 똑똑히 보았다. 나는 이 기적을 몇 번이고 마음속에 떠올렸다. 어느새 소녀의 무릎이 흔들렸고 나는 무언가 일어나고 있다는 것을 직감했다.

나는 기도 방식을 바꿈으로 일어나고 있는 일에 감사했다. 그때 소녀의 짧은 다리가 4-5인치 불쑥 길어졌고 소녀가 크게 소리 질렀다. 혹시 내가 그녀를 아프게 했나 싶었지만, 의자에서 벌떡 일어나 교회 앞에서 나를 데리고 앞뒤로 춤을 췄다.

이 외에 두 가지 간증으로 요점을 강조하려 한다. 어느 토요일, 태어날 때부터 왼쪽 귀가 들리지 않는 두 사람을 위해 힐링 룸에서 기도해야 했다. 내가 무엇을 얼마나 기도했든, 아무 일도 일어나지 않았다. 그다음 주 수요일, 두 사람이 예배에 참석했고 또 다른 사람이 내게 와서 들리지 않는 귀를 위해 기도를 요청했다. 짧은 내 기도에도 불구하고 그 남성의 귀가 열리고 회복되었다.

불현듯 하나님의 일을 상기하는 능력이 생각났다. 그리고 지난 토요일 내가 기도해 준 두 남성을 향해 힐링 룸을 가로질러 갔다. 첫 번째 남성에게 다가가 방금 무슨 일이 일어났는지 설명하며 그의 귀를 향해 손을 들었다. 불과 몇 초 만에, 내 손이 그의 귀에 닿기도 전에 귀가 열렸다. 토요일에 기도해 준 두 번째 남성에게도 방금 무슨 일이 일어났는지 말하기 위해 자리를 옮겼다. 그에게 간증을 풀어 놓고 손을 들어 기도했다. 그의 귀에 내 손이 닿기도 전에 그의 귀도 역시 열렸다.

외국에서 사역할 때 한 남성이 자신은 크론병국소성 장염, 식도에서 항문에 이르는 위장관에 발병하는 염증성 장 질환으로 고통받고 있다며 크론병의 치유를 본 적이 있는지 물었다. 그 시점에는 본 적이 없었지만, 그 사실을 그에게 말하고 싶지 않았다. 갑자기 아버지의 간증이 떠올라서 그와 나누었다. 내 아버지가 어린 소녀를 위한 기도 요청을 받았는데, 그 소녀는 크론병을 앓았고 결장조루술을 받을 예정이었다. 아버지가 기도하자 소녀는 치유되었다.

나는 그에게 치유된 것을 알 수 있는 방법이 있는지 물었다. 그는 위장이 너무 민감해서 복부에 손도 대기 어렵다고 했다. 나는 짧게 기도했고 그는 놀란 표정으로 위장 부위를 쿡쿡 찌르기 시작했다. 나는 그에게 치유되었는지 시험할 수 있는 다른 방법을 물었다.

"저는 윗몸 일으키기를 한 개도 못 합니다."

"제가 다른 사람들을 위해 기도하는 동안에 한번 시도해 보는 것이 어떨까요?"

그는 잠시 사라졌다가 다시 돌아와서 내 어깨를 두드리며 말했다. "윗몸 일으키기를 40회 했습니다."

나는 미국으로 돌아와 몇 주 만에 치유 콘퍼런스에 참여했다. 거기에서 이 간증을 나누었다. 한 남성이 설교 도중에 일어나 큰소리로 외쳤다. "저도 크론병이 있습니다!"

"예수의 증언은 예언의 영이라"(계 19:10). 하나님의 일을 간증하는 것은 미래의 기적에 대한 예언적 선포다. 우리는 기적이 다시 일어날 수 있는 기운을 조성했다. 남성이 일어났을 때 그에게 말했다. "예수의 증언은 예언의 영입니다." 내 입에서 기적이 날아가 그의 위장에 적중하여, 그는 의자에 털썩 주저앉았다. 나는 설교를 계속 이어갔고, 중요한 일이 일어났다는 사실을 알았기 때문에 그와 대화하고 싶었지만, 그는 예배 후 바로 떠났다.

다음 날 아침 예배 시간에 그는 크론병을 앓았다고 자신을 소개했다. 나는 그에게 치유된 것을 어떻게 알았으며, 예배가 끝나자마자 황급히 떠난 이유가 무엇인지 물었다. 그는 크론병 때문에 군것질이나 유제품을 먹을 수 없었는데, 치유되었다는 사실을 알고 트리

플 치즈버거를 먹으러 달려나갔다고 했다. 그리고 아침 식사로 밀크쉐이크를 아주 맛있게 먹었다고 말했다.

몇 주 뒤 그의 이메일을 받았다. 그는 내시경을 받았는데 크론병의 흔적을 찾아볼 수가 없었고 의사는 그에게 약 복용을 중단해도 된다고 말했다.

크론병이 치유되는 기적을 여러 차례 보았다. 나는 간증의 능력과 더불어 하나님이 행하신 일을 듣고 기억하고 나눴을 뿐이다.

풍성한 사역

하나님이 과거에 행하신 일들과 현재 행하시는 일들, 그리고 지금까지 그분이 행하신 일들을 기억하며 사역하는 법을 배워야 한다. 그러나 많은 사람들이 자기의 행위와 모습을 보면서 왜 자신들의 삶에 돌파가 일어나지 않는지 궁금하게 여긴다. 예를 들어, 당신이 크론병이 있는 사람에게 사역한다고 하자. 그런데 당신은 크론병을 치유한 경험이 없다. 마찬가지로 많은 이들이 사역 대상이 치유되지 않았거나 악화된 기억, 심지어 사망한 최근의 기억을 떠올릴 것이다. 우리의 업적을 바탕으로 사역할 때 치유 대상이 100퍼센트 치유된다면 정말 다행이다. 그러나 그보다는 그분의 업적에 당신 자신을 맞추어야 한다. 예수님께 나아가는 사람들은 100퍼센트 치유되었다.

다음에 누군가에게 사역할 때는 최근에 보거나 들은 기적을 떠올려 보라. 우리가 본 것을 기억하며 사역할 때 그분의 풍성함으로 사역하게 된다. 그러나 보지 않은 것을 기억하며 사역할 때는 그분의 풍성함을 기대하기 어렵다. 우리는 가능한 한 모든 것을 동원해 믿음풍성함 가운데 머물러야 한다. 이것이 가능하려면 예수님이 과거와 현재에 하시는 일을 기억하는 것이 최선의 방법이다.

일단 예수님이 행하신 기적을 보거나 들었다면 당신의 사역이 변화될 것이다. 당신이 읽고 들었던 질환들의 치유를 위해 기도할 때 다시는 부족함이 없을 것이다. 강의할 때 나는 종종 내 경험이나 하나님이 하신 일을 바탕으로 지식의 말씀을 풀어놓는다. 그러면 동일한 기적이 반복해서 일어난다. 당신이 기적을 본 적이 없다면 이 책에 수록된 기적들을 취하라. 아니면, 잠잠히 성경을 읽는 것이 좋다. 성경에는 기적이 가득하다. 다음에 크론병 및 기타 질환을 앓고 있는 누군가를 위해 기도할 때, 이러한 기적들 또는 성경의 기적들을 기억하고 믿음의 풍성함으로 사역하라.

그래서 간증을 듣는 것은 매우 중요하다. 내 컴퓨터에는 수많은 간증이 저장되어 있다. 나는 집회에 온 사람들에게 간증을 보내 달라고 요청한다. 하나님이 하신 일에 대해 증거하게 하고 그것을 듣는 것은 초자연의 현장에서 성장하는 데 대단히 중요하다. 간증은 우리에게만 중요한 것이 아니다. 하나님도 좋아하신다.

> 주의 증거들로 내가 영원히 나의 기업을 삼았사오니 이는 내 마음의 즐거움이 됨이니이다 시 119:111

하나님은 각각의 간증을 기뻐하신다. 하나님이 하신 일을 간증하는 것은 중요하다. 나는 치유 콘퍼런스에서 말하곤 한다. 만일 우리가 하나님께 영광 돌릴 수 있는 간증이 준비되어 있지 않다면, 그분의 영광을 빼앗는 것이다.

ёр
치유의 장애물이 있는가

치유에 있어 큰 장애물 중 하나는 믿음이 아니라 의심이다. 우리가 직면한 모든 상황에 대한 답이 문제보다 크다는 사실을 인식하는 것을 배우면 장애물은 문제보다 작아진다. 그러나 많은 사람이 장애물의 존재에 대하여 나름대로 이론을 만들어 능력과 돌파의 부재를 정당화해 왔다.

　우리의 사역 대상에게 책임을 전가하고 간단히 주의를 끌어 장애물을 확대하는 일은 매우 쉬울 수 있다. 개인적으로 나의 주요 관심사는 문제에 집중하는 것이 아니라, 그에 대한 답, 즉 예수 그리스도에게 초점을 맞추는 것이다.

　당신은 치유받지 못한 사례에 대하여 자세히 다루는 글이나 책을 얼마나 많이 읽었는가? 이것은 나의 접근 방식이 아니다. 나는 단지 그 어떤 장애물도 방해하지 못할 답을 원한다.

나는 '예수님처럼 사역하고 싶다면, 예수님이 하신 일을 해야 한다'고 사람들에게 설교하곤 한다. 예수님이 문제를 언급하셨다는 내용은 성경 어디에서도 찾아볼 수 없다. 그분은 그저 답을 풀어놓으셨다. 그분이 전하시는 기운이 그분께 나아가는 자들의 문제를 능가했기 때문이다. 마가복음 10장 51절에서 예수님이 맹인 바디매오에게 물으셨다. "네게 무엇을 하여 주기를 원하느냐."

어떤 사람은 답이 매우 분명하다고 생각할 것이다. 그는 눈이 먼 자였기 때문에 이름이 '맹인 바디매오'였다. 그렇다면 예수님은 왜 그에게 이 질문을 하셨을까? 예수님은 그분의 기운이 있었고, 바디매오도 자신의 기운이 있었다. 예수님은 질병이 그의 정체성이 되었는지 확인하려고 그를 시험하신 것 같다. 그는 치유를 원치 않았을지도 모른다. 아니면 단순한 축복을 원했을지 모른다. 아마 예수님은 그에게 원하는 것을 표현하게 함으로써 믿음이 발현되기를 원하셨을 것이다.

질병이 자신의 정체성이 되었기 때문에 치유를 바라지 않는 사람들도 있다. 이런 경우에도 그들을 사랑해야 한다. 예수님은 맹인 바디매오에게 응답만 해주시지 않았다. 그분은 먼저 물으셨다. "네게 무엇을 하여 주기를 원하느냐?"

요한복음 9장 2, 3절에서 태어날 때부터 맹인인 사람이 등장한다. 예수님의 제자들이 그분께 물었다. "랍비여 이 사람이 맹인으로 난 것이 누구의 죄로 인함이니이까 자기니이까 그의 부모니이까?" 예수님이 대답하셨다. "이 사람이나 그 부모의 죄로 인한 것이 아니라 그에게서 하나님이 하시는 일을 나타내고자 하심이라."

하나님은 우리의 장애물과 비교할 수 없을 정도로 크신 분이다. 분명 바디매오와 그의 부모는 살면서 때로는 죄를 지었을 것이다. 그러나 예수님은 하나님의 일을 나타내는 것에 더 관심이 있으셨다. 완벽해야 치유받을 수 있다면, 자기 공로로 예수님께 나아가야 할 것이다. 그리고 우리 중에 치유받거나 하나님께 쓰임받을 자격이 되는 사람은 없을 것이다.

그리스도께서 우리의 영과 혼과 육을 사시고 우리를 자유롭게 하셨다. 나는 사람들이 모든 영역에서 주님이 주신 자유와 치유를 누리며 살기를 바란다.

사람들은 자신이 치유받지 못할 이유와 관련된 장애물을 안고 온다. 나는 그들이 가져오는 장애물들이 잠재적으로 그들의 치유를 가로막을 수도 있다고 생각한다. 하지만 답이 문제보다 크다는 삶의 태도로 나아간다면, 그들의 장애물이 나의 것이 될 필요가 없다.

누군가 기적을 기대하며 우리에게 온다고 가정해 보자. 기도하지만 아무 일도 일어나지 않는 것 같다. 무력한 가운데 우리는 용서하지 못한 일이 있는지 그들에게 묻는다. 도대체 우리는 무엇을 한 것인가? 기적이 일어나지 않는 상황 속에서 그들에게 우리의 무능함을 전가했다. 이제 그들은 답에서 눈을 돌려 내면의 문제와 부족함에 초점을 맞춘다. 내면을 보고 기분이 좋기는 어렵다.

당신은 기적이 일어나는 것을 보기 시작할 수 있다. 특히 능력 있는 자로 더욱 알려질 수도 있다. 이럴 때 당신의 사역 대상자들은 당신이 하나님의 음성을 굉장히 명확하게 들으며, 하나님이 당신에게 그들의 온갖 불순한 것을 속삭인다고 생각한다. 우리의 불순한 것을 우리에게 알려 줄 사람은 필요 없다. 우리는 이미 우리 자신을 잘 안다.

내 뜻과 달리 내가 오직 육체의 치유만 신경 쓸 뿐 사람들의 죄나 용서하지 않는 마음에 관해서는 관심이 없다고 오해하는 부분이 있다. 만일 내가 어떤 사람에게 사역하는데, 그 사람에게 용서하지 못하는 마음이 있으며 그것을 다뤄야 한다는 주님의 말씀이 들리고 특정한 이름이 떠오른다면(예를 들어, 그의 아버지) 직접적으로 묻지 않는다. 평범하게 그들의 인생, 살고 있는 곳, 성장한 곳에 관해 묻기 시작할 것이다. 나는 상황에 알맞은 질문을 한다. 그러면 그들의 문제를 짚지 않아도 대부분 말한다. 내가 주님의 말씀을 정확하게 듣지 않았으면 어떻겠는가? 그래도 그들은 자신들이 용서하지 못하는 문제를 내가 보았다고 생각할 것이다. 그리고 내가 언급한 불순한 것을 찾으면서 스스로 성찰하고 반성할 것이다.

그러나 내가 진심 어린 마음으로 그 사람을 위해 묻는다면, 그들은 언제나 내가 들어야 할 대답을 한다. 그럴 때 나는 그들이 자유로워질 수 있도록 도와줄 수 있다.

어느 날 저녁, 치유 예배 시간에 헤로인에 중독된 사람이 기도를 요청했다. "물론이죠. 기도하겠습니다." 그녀의 이름을 물었다. 그 순간 나는 그녀에게 어머니를 용서하지 못하는 문제가 있다는 생각이 들었다. 이것은 주님의 음성이었다.

"당신은 이 도시에서 성장했나요? 이곳에서만 살았나요? 부모님도 여기에 살고 계신가요?"

"아닙니다. 제 부모님은 지옥불에 있습니다. 그들에게는 그곳이 최적의 장소입니다."

그때 나는 문제가 있다는 사실을 직감했고 하나님의 음성을 정확하게 들었다. 나는 그녀에게 부탁해도 되는지 물었고, 응답을 받으려면 나를 따라 해야 한다고 말했다.

"당신의 어머니가 천국에 있다고 말하세요."

그녀는 웃으며 말했다. "저는 그렇게 할 수 없습니다. 어머니는 저를 이용했습니다. 크리스, 미안하지만 그녀는 지옥에 있어요."

"그래서 당신에게 따라 하라고 요청하는 것입니다. 어머니가 천국에 있다고 말해 보세요."

"알겠습니다. 목사님을 따라 하겠습니다."

"어머니는 행복한 삶을 살고 있을까요, 아니면 불행한 삶은 살고 있을까요?"

"어머니는 예수님과 행복하게 지낼 것입니다."

"맞습니다! 이제 대답해 보세요. 두 분 중 누가 이 땅에서 나쁜 일을 겪고 있습니까?"

"저입니다."

"그러면 치유받기를 원하시나요?"

"네, 정말 고통스럽습니다."

그날 밤 나는 용서하는 기도를 통해 그녀를 인도할 수 있었고, 그녀는 예수님의 능력으로 약물 중독에서 자유로워졌다.

그 문제에 대해 하나님의 음성을 명확하게 들었다고 생각했지만, 그녀에게 원인이 무엇인지 말하게 함으로 문제의 책임을 그녀에게 전가하지 않았다. 나는 단순히 상황에 맞은 질문을 했고, 결국 그녀가 모든 것을 털어놓았다. 그래서 빠르게 그 문제를 다룰 수 있었고, 그녀에게 자유가 임하는 것을 볼 수 있었다.

예를 들어, 당신이 반복되는 문제에 대하여 정기적으로 기도를 받고 있다. 사역자가 자신의 무능력함을 정당화하기 위해 당신에게 "용서하지 못하는 마음이 있습니까?"라고 묻거나, 그들의 기도가 항상 악한 영을 꾸짖고 문제에 집중한다. 그래도 당신이 치유되지 않는다면 어떻겠는가? 당신은 쫓아낼 수 없는 마귀가 있다고 생각하기 시작할 것이다.

근본 원인도 마찬가지다. 만일 누군가가 치유되지 않는다면, 나는 근본 원인이 있다는 구실로 내 무능력을 그 사람에게 전가하는 과실을 범하지 않을 것이다. 지혜롭지 않게 이런 방식으로 문제를 언급하는 것은 자기 성찰을 야기한다.

어떤 문제는 직접적인 대면이 필요하다. 필요한 경우 나는 아주

조심스럽게 직접적으로 접근한다. 그러나 이것은 내 기도로 치유가 일어나지 않아서가 아니다. 나는 하나님께 얼굴을 향하고 내 안에서 그리고 나를 통해 나타나시는 분에 대하여 더 깊은 계시를 받기 위해 기도할 것이다. 그리고 그분의 선하심. 사랑의 능력에 대한 계시의 통찰력을 간구할 것이다.

나는 생명을 풀어놓고 내 안의 풍성한 답, 즉 예수님으로 사는 법을 배우는 것에 더 관심이 있다. 내가 마주할 그 어떤 문제도 답보다 크지 않기 때문이다. 예수님의 보혈로 값을 치르지 않은 아픔이나 질병은 없다.

12

임파테이션의 능력

임파테이션impartation 능력의 전이를 뜻함 – 역자주 의 능력에 관해 논하려면, 개인적 경험의 관점에서 서술하는 것이 가장 좋은 방법이다. 나는 돌파를 보기 전까지 어림잡아 1천 명 이상의 사람들을 위해 기도했다. 사역하면서 열매를 보지 못해서 좌절하기도 했다. 기적의 삶을 사는 사람이 주위에 아무도 없었다. 많은 가르침을 들었지만 내가 본 것은 매우 제한적인 현상뿐이었다. 기적의 삶을 사는 사람들과 가까워지는 것이 내가 할 수 있는 최선이었다.

내가 처음 부름 받은 장소는 펜실베니아에 있는 랜디 클락의 치유학교였다. 뉴질랜드에서 랜디 클락의 치유학교까지 가는 길에 캘리포니아 레딩의 벧엘교회에서 일주일간 머물렀다. 그곳에서 받은 교육이 나의 패러다임을 모두 바꿔놓았다. 말씀의 임파테이션은 경이로웠으며 말 그대로 내 사고방식과 교육방식에 변화를 가져왔다.

벧엘을 떠나 랜디 클락의 치유학교에 도착했다. 어느 날 밤, 랜디가 설교하면서 임파테이션을 일으켰다. 그는 기도받고 싶어 하는 사람들에게 기도해 주려 했다. 새 신자 결신 기도문이 주어지기 전에 강한 자석이 나를 끌어당기는 것 같았다. 어느새 나는 그 누구보다 빨리 예배당 앞쪽에 서 있었다. 몹시 기도가 받고 싶었다. 뒤를 돌아보니 천여 명의 사람이 줄을 서 있었다. 아직도 선명하게 기억이 난다. 랜디가 내 머리에 손을 얹어 기도하자 내 몸이 감전된 것 같았다. 나는 바닥에 쓰러져 한 시간이 넘도록 격렬하게 진동했다. 겨우 손과 발로 기어서 의자에 앉을 수 있게 되었는데, 랜디의 수습 사역자 옆자리였다. 그는 나를 보고 미소 지으며 물었다. "방금 무슨 일을 겪었습니까?" 나는 일어난 일을 설명하려고 했다. 그는 내 머리에 손을 얹고 말했다. "주님, 더 임하소서." 그때 나는 의자 뒤쪽으로 고꾸라져 의자 아래에 누워 있었다. 하나님이 내 가슴에서 특별한 일을 하고 계셨기 때문이다. 나는 무언가가 변화되었고 내 앞에 모험이 펼쳐지고 있다는 사실을 알았다.

이틀 후 뉴질랜드로 돌아가는 길이었다. 시카고 공항에서 팬 피자를 맛있게 먹으면서 벧엘교회에서 겪은 일을 생각하고 있었다. 그 순간, 하나님의 임재에 압도되어 고개가 피자 쪽으로 묵직하게 떨어졌다. 자세를 바르게 고쳐 앉고 보니 얼굴과 셔츠에 치즈 가닥이 매달려 있었다. 오늘날 나보다 높은 차원 가운데 기적의 삶을 사는 사람이 있다면, 나는 그 누구에게라도 기도받을 기회를 계속 찾는다.

세계적인 부흥의 거장들에게 기도받은 적도 있다. 가능한 하나님의 사람들에게 가까이 다가가 섬기며 질문을 한다.

현재 전 세계에서 치유학교와 콘퍼런스를 하게 되어 나에게 임파테이션을 요청하는 사람들이 많다. 임파테이션 예배 시간은 참 은혜롭다. 기적의 삶을 살아가면서 "내 안의 그리스도, 영광의 소망"이라는 구절에 대하여 주님이 내게 더 깊은 계시를 주시기 시작했다. 많은 사람이 아무것도 받지 않았다는 생각에 좌절하며 내게 임파테이션을 요청한다. 하지만, 요한일서 2장 20절은 우리가 "이미 거룩하신 자에게서 기름 부음을 받았다"고 한다.

임파테이션에 대한 내 관점은 다음과 같다. 성도들의 머리에서 오순절의 불꽃이 이미 타오르고 있다. 그러므로 임파테이션은 불을 점화하는 개념이 아니라, 성도로서 우리가 이미 지니고 있는 불에 가솔린을 붓는 것과 같다. 우리 각자 불을 갖고 있지만 어떻게 주님과 사는가에 따라 불의 크기가 다르다.

타인의 은사를 존중할 때 임파테이션과 변화가 일어날 수 있다. 그러나 관건은 우리가 받은 것을 어떻게 관리하는가에 있다.

나는 항상 사람들에게 그들을 위해 기도해 줄 수 있다고 말한다. 그러다 보면 바닥에 쓰러져 랜디가 나를 위해 기도해 주었을 때와 같은 경험을 하는 사람들도 있다. 그러나 분명히 그런 경험을 했는데도, 아무것도 하지 않아 실제로 그들의 삶에는 아무런 변화도 일어나지 않는다. 마찬가지로 내가 기도해 주었지만, 아무것도 느끼지 못한 사람들도 있다. 그런데 이들은 느낌이 아니라 믿음으로 받기에 예배가 끝난 후 밖으로 나가서 받았다고 믿은 것을 전하기 시작했다. 그러자 그들의 손을 통해 기적이 나타나기 시작했다.

랜디 클락과 빌 존슨에게 기도받기 전까지는 내 손을 통해 기적이 나타나는 것을 본 적이 없었다. 그런데 그들의 기도를 받은 바로 다음 날 처음으로 기적이 일어났다. 나는 받은 것을 관리해야 한다는 사실을 깨달았다. 임파테이션은 우리가 그것을 어떻게 하기로 선택하는지에 따라 달라진다.

나는 그날 이후 사람들을 위해 기도하려고 노력했다. 내 안에서 타고 있던 불에 기름이 공급되었다고 믿었기 때문에 위험을 감수할 수 있었다. 나는 그때부터 매주 기적을 보았다. 내가 본 것을 관리하는 방법을 배웠기 때문에 기적이 증가하였다. 작은 것에도 지속해서 감사하자 축복이 임했다. 내게 꿈만 같던 기적들이 실현되었다.

많은 사람이 임파테이션에서 임파테이션으로 나아간다. 그러나 그들은 받은 것을 가지고 아무것도 하지 못한다. 받은 것을 증가시키기 위해 나눔을 배우는 것이 무엇보다 중요하다.

> 주라 그리하면 너희에게 줄 것이니 곧 후히 되어 누르고 흔들어 넘치도록…
> 눅 6:38

나는 임파테이션의 능력을 신뢰한다. 이 능력이 나타나려면 우리가 성령의 실재를 지니고 있다는 사실을 믿는다는 전제가 수반되어야 한다. 우리 안에 영광의 소망을 갖고 있다는 사실을 믿지 않으면, 우리에게 임파테이션 기도를 해줄 사람이 없을 때 어떻게 그분을 전할 것인가?

나는 나보다 더 높은 단계에서 기적의 삶을 사는 사람들의 기도를 계속 받는다. 그러나 내 머리에 타오르는 불이 없거나 가진 것이 없다는 관점으로 임파테이션에 접근하지는 않는다. 나에게는 오리지널 불이 있다는 전제 하에서 임파테이션에 접근하며, 거기에 약간의 기름이 필요할 뿐이다.

임파테이션과 안수기도의 중요성에 관한 예들이 성경 전반에 걸쳐 등장한다.

마태복음 19장 13-15절에서 사람들이 예수님의 안수기도를 바라고 어린아이들을 데려온다. 이 구절은 그들이 아이들의 치유를 위해 예수님께 데려왔다고 직접적으로 언급하지 않는다. 그래도 우리는 그분이 가시는 곳마다 사람들을 치유하셨다는 사실을 안다. 예수님이 말씀하셨다. "예수께서 이르시되 어린 아이들을 용납하고 내게 오는 것을 금하지 말라 천국이 이런 사람의 것이니라"(마 19:14).

마가복음 16장 17, 18절에서 예수님이 위임권을 선포하신다. "믿는 자들에게는 이런 표적이 따르리니…병든 사람에게 손을 얹은즉 나으리라." 치유를 위해 안수기도할 때 임파테이션이 일어난다. 사도행전 13장 1-3절에서 우리는 선교사 임명을 위한 안수기도를 본다. 그때 바나바와 사울의 안수기도를 받은 자들이 성령의 파송을 받았다.

사도행전 19장 11, 12절에서 기름 부음은 분명히 실재하며 전이 가능하다는 사실을 확인할 수 있다. "하나님이 바울의 손으로 놀라운 능력을 행하게 하시니 심지어 사람들이 바울의 몸에서 손수건이나 앞치마를 가져다가 병든 사람에게 얹으면 그 병이 떠나고 악귀도 나가더라."

로마서 1장 11, 12절에서 임파테이션의 개념을 이해할 수 있다. "내가 너희 보기를 간절히 원하는 것은 어떤 신령한 은사를 너희에게 나누어 주어 너희를 견고하게 하려 함이니 이는 곧 내가 너희 가운데서 너희와 나의 믿음으로 말미암아 피차 안위함을 얻으려 함이라."

임파테이션을 단순히 손을 얹는 개념으로 국한하는 경우가 종종 있다. 콘퍼런스에서 안수기도를 받지 않았다는 이유로 실망하는 사람들이 많다. 그래서 그들은 임파테이션을 받지 않았다고 생각한다.

그러나 우리는 말씀 교육 또는 설교 시간에 앉아 있는 것만으로도 강력한 임파테이션을 받을 수 있다. 나는 가만히 앉아서 말씀을 배우며 강력한 임파테이션을 받은 적이 있다.

앞서 강조했듯이 나는 임파테이션이 어떻게 작용하는지 100퍼센트 이해하지 못한다. 그러나 나보다 더 높은 단계에서 기적의 삶을 사는 사람들의 안수기도를 지속해서 받고 말씀을 들을 것이다.

그 어떤 불편함이 있어도 놀라운 하나님의 사람들에게 기도받을 것이다. 프레다 린지Christ for the Nations의 설립자 고든 린지의 아내가 세상을 떠나기 몇 달 전에 그녀와 즐거운 저녁 식사를 했다.

지난 수십 년 동안 복음을 위해 대가를 치른 그녀에게 경의를 표할 수 있었다. 나는 하나님과 더 깊은 관계 속에서 동역하고 기름 부음을 받기 위해 훌륭한 사람들에게 기도와 조언을 부탁해 왔다. 이렇듯 내가 겸손한 자리에 있을 때 많은 발전을 할 수 있었다.

한편, 부활하시고 내 안에 계신 그리스도의 영에 대한 이해와 계시를 결코 무시하거나 거부한 적은 없다. 프레다 린지의 조언은 '우리를 통해 하나님이 하시는 일을 겸손하게 행하는 것'이었다. 나는 항상 다른 사람들의 기도를 통해 임파테이션을 받고 임파테이션의 확장을 보며 기뻐한다. 그러나 결코 내 안에 살아 계시는 그분을 등한히 하지 않는다.

13

예수님과의 관계

기적의 삶을 살기 위해서는, 기본적으로 그분 안에 있는 우리가 아니라 우리 안에 있는 그분을 이해해야 한다. 그것이 바로 우리의 정체성이다. 우리의 정체성은 오직 그분 안에 있으며, 우리가 아닌 그분이 하신 일에 있다.

우리의 정체성에 있어 중요한 것은 예수님과 우리의 관계다. 하나님과의 관계가 없다면 어떻겠는가? 진정한 정체성을 발전시킬 수 있겠는가? 우리의 정체성이 지식을 넘어설 수 있겠는가? 이론적으로 문제는 없을 것이다. 그러나 초자연적 삶을 논할 때, 왕이신 하나님과 관계를 맺지 않고 기적의 원리만 삶에 적용하는 것을 설명하면 위험하다. 그런데도 어떤 이들은 지속해서 기적의 열매를 본다.

우리는 삶 가운데 기적이 일어나는 것을 볼 수 있고, 그분과의 관계와 은혜를 온전히 의지할 수 있다. 그러다가 더 많은 기적이 흐르기 시작하면, 열매를 맺고 있기 때문에 스스로 잘하고 있다고 생각한다. 그리하여 하나님과의 관계 및 은혜와 무관하게 진정으로 우리가 잘해서 기적이 일어나고 있다는 결론에 이른다.

어느 날, 둘째 딸 엠마와 드라이브를 하는데 엠마가 물었다. "아빠, 이 세상에서 가질 수 있는 것이 하나 있다면 무엇을 갖고 싶으세요?" 내가 대답도 하기 전에 엠마가 말했다. "대답하지 않아도 돼요. 저는 이미 알아요. 아빠는 샬롯이 치유되는 것을 원하지요."

"아니야, 엠마. 아빠는 그것보다 더 원하는 것이 있어. 하나님과 더 깊은 관계를 맺고, 더 명확하게 그분의 음성을 듣는 거야. 그분의 음성을 선명하게 듣는다면, 샬롯은 자연스럽게 치유될 거야."

내 딸은 잠시 생각하고 말했다. "그렇지만, 아빠는 아픈 사람들의 치유와 기적을 보기 원하잖아요. 만일 아빠가 전 세계의 질병을 치유할 수 있다면 어떨까요?"

나는 망설임 없이 대답했다. "아니야, 엠마. 그래도 아빠는 하나님과 더 깊은 관계를 갖고 그분의 음성을 더 명확히 들어야 해."

오해하지 않기를 바란다. 한 가지만 선택할 필요는 없다. 두 가지 모두 누릴 수 있다. 그러나 하나만 선택해야 한다면, 하나님과의 관계를 택할 것이다. 나는 그분이 내 안에 사시며, 나를 떠나지 않으신다는 사실을 안다. 그럼에도 나는 평생 그분을 더 알아 가기를 소망한다. 내 삶의 가장 큰 기쁨은 그분을 알고 그분에게 나를 알리는 것이다. 만왕의 왕과 벗이 되고, 그분의 발아래에서 경배하고, 말씀 안에 거하는 시간을 갖는 것이다. 만일 내가 더 많은 기적을 원한다 해도, 무엇보다 그분을 더 알고 싶다. 하나님의 말씀을 연구하는 일은 정말 즐겁다.

빌 존슨이 분명하게 말했다. "저는 설교하기 위해 말씀을 연구하지 않습니다. 저를 위해 연구합니다." 나는 말씀을 연구하며 그분과 함께 시간을 보낸다. 그분을 알기 원하며 나를 향한 그분의 사랑과 성품을 더욱 이해하고 싶기 때문이다. 하나님과 내 관계가 충만하면 주변 사람들이 덕을 본다. 내가 그분의 성품에 잠겨 있을 때 초자연적으로 관계가 충만해진다.

나는 룻기를 좋아한다. 룻기는 룻과 보아스 사이의 로맨스를 이야기한다. 룻기에는 예수님에 대한 계시가 담겨 있다. 보아스의 인격에서 예수님을 볼 수 있다. 보아스는 베들레헴의 부유한 사람이다. 예수님은 구약 전반에 걸쳐 당시 사람들의 삶을 통해 나타난다.

먼저 룻기의 배경을 살펴보자. 룻은 기원전 1322년경의 사람이다. 룻Ruth 이라는 이름은 '아름다움' 그리고 '친구'라는 뜻이다. 룻은 유대인이 아니고 모압 사람이었다. 룻의 손자는 다윗이고, 다윗의 아들은 솔로몬이다. 그는 이 땅에서 가장 부요한 왕으로 알려져 있다. 룻의 시어머니 나오미는 약속의 땅으로 알려진 이스라엘을 떠나 우상숭배의 땅 모압으로 도망쳤다. 약속의 땅을 떠날 때, 나오미는 남편과 두 아들도 함께 갔다. 한 아들이 룻과 결혼했고, 다른 아들은 오르바Orpah 와 결혼했다.

아들들의 이름은 말론Mahlon: '아픈 자'라는 뜻 과 기룐Chilion: '쇠약해지다'라는 뜻이다. 그런데 나오미의 남편과 두 아들이 모두 죽고 말았다. (신기하게도 이름의 뜻처럼 그들의 인생이 기구했다.)

말론과 기룐은 두 과부 룻과 오르바Orpah: '완고한' 또는 '두 마음을 가진'이라는 뜻를 남기고 세상을 떠나고 말았다. 그녀들의 남편이 세상을 떠난 후, 오르바는 모압에 머무르기로 하고 룻은 시어머니를 따라 베들레헴'빵집'이라는 의미에 가기로 결심했다. 나오미는 하나님이 베들레헴에 사는 사람들을 축복하신다는 소문을 들었다.

나오미는 이스라엘이고, 룻은 이방인인 우리를 비유한다고 해석할 수 있다. 그러나 우리는 하나님이 아브라함에게 약속하신 모든 것을 갖고 있다. 아브라함의 씨가 우리 주님이신 예수 그리스도이기 때문이다. 예수님이 우리를 신부로 삼으셨다. 당신이 어떤 사람이든 상관없다. 왕자와 결혼하는 신부는 더 이상 하층민이 아니라 공주다. (당신은 이것을 이해해야 한다.) 그분의 이름을 받아들여라. 그러면 그분의 소유가 당신의 것이 된다.

이제 보아스라는 인물을 살펴보자. 그는 막대한 부를 가진 사람이었다. (그의 이름은 '힘strength'을 의미한다.) 나오미와 룻은 약속의 땅으로 돌아간다. 룻기 2장에서 룻은 나오미에게 밭에 가서 자신에게 은혜 베푸는 사람을 따라 이삭줍기를 하고 싶다고 말했다.

그녀는 우연히 보아스의 밭에 이르렀다. 룻은 보아스의 축복과 함께 돌아왔다. 그녀는 보리 한 에바를 갖고 돌아왔으며, 이것은 한 사람이 열흘 정도 먹을 수 있는 양식이었다.

시어머니가 그에게 이르되 오늘 어디서 주웠느냐 어디서 일을 하였느냐 너를 돌본 자에게 복이 있기를 원하노라 하니 룻이 누구에게서 일했는지를 시어머니에게 알게 하여 이르되 오늘 일하게 한 사람의 이름은 보아스니이다 하는지라

룻 2:19

룻이 나오미에게 보아스의 이름을 언급하자 나오미가 말한다. "그 사람은 우리와 가까우니 우리 기업을 무를 자 중의 하나이니라" (룻 2:20). 나오미와 룻이 베들레헴에 돌아왔을 때 형편이 어려웠다.

모세의 율법 조항에 의하면, 누군가 가난이나 이주로 인해 땅을 몰수당한 경우 가까운 친척이 그들을 위해 그 땅을 사는 것이 가능했다. 나오미는 10년이라는 오랜 세월의 부재로 가문의 땅을 박탈당했다.

예수 그리스도는 우리의 대속자다. 우리가 태만하여 건강을 잃을지라도, 우리의 구세주 예수 그리스도께서 우리가 잃어버린 것을 되찾아 오실 수 있다. 그래서 그분을 "대속자"라고 부른다. 그분은 우리의 빼앗긴 것을 다시 사고 회복하실 수 있다.

보아스는 예수님을 상징하며, 나오미의 친족이자 대속자다. 대속자가 당신의 땅을 다시 사기 위해 먼저 충족해야 할 세 가지 조건이 있다.

그는 친족이어야 한다. (그래서 하나님이 이 땅에 인간으로 오셨다. 그분은 우리의 대속자가 되기 위해 친족, 즉 인류의 일부가 되어 사람들을 구원

하셨다.)

그는 기꺼이 해야 한다. 예수님이 기꺼이 하셨는가? 그렇다. 우리는 십자가에서 두 팔 벌리신 그분을 보았다. 그분은 우리의 진정한 대속자로서 죄, 가난, 저주의 노예 시장에서 우리를 다시 사셨다.

그는 부유해야 한다. 보아스는 부유한 인물이다. 우리가 알고 있는 인물과 흡사한가? 셀 수 없는 소를 소유하신 분인가? 그렇다, 그분은 바로 예수 그리스도다.

지금 룻은 보아스가 가까운 친척 중 하나라는 사실을 알고 있다. 예수님은 우리의 돕는 자나 대속자 중 한 명이 되기를 원하시는 것이 아니다. 그분은 유일한 대속자이기를 원하신다. 그분은 진정으로 유일무이한 대속자이시다.

나오미가 룻에게 말한다. "그가 오늘 밤에 타작 마당에서 보리를 까불리라"(룻 3:2). 대개 타작 마당은 높은 곳에 있다. 그들은 바람이 강한 밤에 보리를 타작했다. 보리를 타작한 후 갈퀴로 보리를 모아 공중에서 까불리면, 가벼운 티끌은 날아가고 보리 알만 남는다.

보아스가 밤에 하인들과 함께 보리를 타작하고 있을 때 나오미가 룻에게 말했다. "너는 목욕하고 기름을 바르고 의복을 입고 타작 마당에 내려가서"(룻 3:3). 이것은 당시의 관습이다. 룻은 보아스에게 프로포즈하려고 했다.

우리는 보아스가 예수 그리스도의 예표라는 사실을 잊지 말아야 한다. 룻기서는 하늘의 보아스, 즉 예수 그리스도의 예표로 가득하다. 그녀가 보아스의 발 앞에 엎드리자 무슨 일이 일어났는가? 당신은 예수님의 발 앞에서 그분을 높일 수 있다. 이는 경배와 겸손의 행위다. 성경에 등장하는 사람들이 예수님 앞에 나아갈 때마다 기적을 경험했다.

그들은 대속하시는 그분의 힘을 받았다. 만일 그들에게 질병이 있었다면 그 질병은 사라져야 했다. 경배와 겸손으로 예수님 발 앞에 나아가는 행위에는 특별한 능력이 있다. 우리는 그분의 발 앞에 나아갈 때마다 은혜를 받는다.

예수님의 발 앞에 나아오는 사람들의 이야기가 성경에 있다. 마가복음 5장 22절에서 회당장 야이로와 그의 딸이 등장한다. 그의 열두 살 딸은 죽었지만 야이로가 예수님 발 앞에 엎드리자 다시 살아났다. 이와 비슷한 이야기가 또 있다.

> 그들이 길 갈 때에 예수께서 한 마을에 들어가시매 마르다라 이름하는 한 여자가 자기 집으로 영접하더라
> 그에게 마리아라 하는 동생이 있어 주의 발치에 앉아 그의 말씀을 듣더니
> 눅10:38, 39

> 그 중의 한 사람이 자기가 나은 것을 보고 큰 소리로 하나님께 영광을 돌리며 돌아와

예수의 발 아래에 엎드리어 감사하니…

그에게 이르시되 일어나 가라 네 믿음이 너를 구원하였느니라 하시더라

눅 17:15, 16, 19

마가복음 7장 25절에서 수로보니게 여성의 딸이 더러운 귀신에 들렸다. 그녀가 예수님 발 앞에 나아가 엎드렸을 때 악한 영이 쫓겨났다. 그녀는 집으로 돌아갔고 그녀의 딸은 자유로워졌다.

예수님을 경배하러 나아갈 때 우리는 모두 그분 발 앞에 있다. 우리 모두 동일하게 이 땅 가운데 있으며, 예수님은 높은 곳에서 홀로 찬미와 영광을 받으신다.

보아스가 잠에서 깨어나 말한다.

참으로 나는 기업을 무를 자이나 기업 무를 자로서 나보다 더 가까운 사람이 있으니

이 밤에 여기서 머무르라 아침에 그가 기업 무를 자의 책임을 네게 이행하려 하면 좋으니 그가 그 기업 무를 자의 책임을 행할 것이니라 만일 그가 기업 무를 자의 책임을 네게 이행하기를 기뻐하지 아니하면 여호와께서 살아 계심을 두고 맹세하노니 내가 기업 무를 자의 책임을 네게 이행하리라 아침까지 누워 있을지니라 하는지라 룻 3:12, 13

나는 주님의 특정 메시지를 몇 년간 들었다. 주님은 그 메시지를 통

13. 예수님과의 관계

해 내가 그분의 발 앞에 엎드려 안식하기를 원하셨던 것 같다. 우리는 하나님을 위해 일하며 여러 가지로 분주해서 기적의 실제적 근원을 잊고 살 수도 있다. 오늘 전 세계의 사역에 참여하는 특권을 가지려면, 근본적으로 예수님의 발 앞에 나아가는 시간을 가져야 한다.

나는 초자연적인 것으로 강력하게 움직이는 부흥사들의 세대를 보고 싶다. 단순히 초자연적인 것에만 몰두하는 부흥사들을 보고 싶지 않다. 부흥사들이 예수님의 사랑에 잠긴다면 기적은 부수적인 열매가 될 것이다. 마지막으로 나는, 기적을 행하는 방법은 알아도 기적의 창조자를 알지 못하는 사람들을 보고 싶다. 그들을 창조자와의 교제와 사랑으로 성장시키고, 하나님의 말씀으로 견고하게 하고 싶다.

몇 년 전, 주님이 내게 매우 확실하게 말씀하셨다. "너는 '나'를 사랑하기보다, '나를 위한 일'을 더 사랑한다."

나는 상당히 과업 지향적인 사람이다. 5분 동안 가만히 앉아 있기조차 무척 어렵다. 그러나 그분 발 앞에 앉아 예수님을 경배하고 말씀의 양식을 취하는 시간이 필요하다. 그분이 하실 수 있는 일을 보기 위해서가 아니라, 그분을 알기 위해서 그렇게 해야 한다. 만일 어제 우리를 통해 기적이 일어났다면, 우리는 하나님과 좋은 관계를 맺고 있다는 착각을 하기도 한다.

초자연적 삶의 원리는 알아도 왕이신 그분을 알기는 어렵다. 우리의 우선순위는 하나님을 알고, 하나님이 우리를 아시는 것이어야 한다. 이런 종류의 목표 의식은 초자연적 사역을 하는 교회에서 주로 볼 수 있다.

그분 발 앞에 앉아 경배하는 시간뿐 아니라 육체적 안식에서도 마찬가지다. 그분의 창조물 및 여가 활동을 즐기고 가족과 함께하는 시간을 가져라. 이 또한 안식의 삶을 이끌어 갈 것이다. 기적은 안식에서 시작된다. 우리가 누구인지 알고 안식하는 것이 중요하다. 우리를 정의하는 것은 우리 자신이지 우리 행위가 아니다. 행위로 자신을 정의한다면, 문제를 향해 가고 있는 것이다. 기적은 정체성을 위해 일어나지 않는다. 우리의 정체성 때문에 일어난다.

보아스가 묻는다.

> 네가 누구냐 하니 대답하되 나는 당신의 여종 룻이오니 당신의 옷자락을 펴 당신의 여종을 덮으소서 이는 당신이 기업을 무를 자가 됨이니이다 룻 3:9

예수님 시대에 당신의 형이 죽었다고 가정하면, 당신은 친족으로서 형의 아내와 결혼해 형의 대를 이을 대속자 역할을 해야 한다. 보아스는 가까운 친척에게 가서 나오미의 땅을 회복하고 룻을 아내로 삼는다. 그리고 그들은 오벳(Obed, '하나님의 종, 경배자, 추종자'라는 의미)이라는 아들을 낳는다.

이것은 룻과 보아스의 관계에 대한 이야기로, 구세주 하나님과 우리의 관계를 나타낸다. 우리의 구세주 되신 그분 발 앞에 나아가 겸손히 경배하는 시간을 갖고 왕의 위대하심을 인지할 때, 왕과 하늘나라의 충만함을 받는다. 그분이 우리를 구원하시고 회복하시며 신부로 삼으신다. 하나님이 하실 수 있는 일 때문이 아니라, 그분이 그러한 분이기 때문에 경배드리고 관계 맺는 시간을 가져야 한다. 이것이 기적의 삶을 살기 위한 기준이어야 한다.

14
—
희망의 포로

갇혀 있으나 소망을 품은 자들아 너희는 요새로 돌아올지니라 내가 오늘도 이르노라 내가 네게 갑절이나 갚을 것이라 슥 9:12 NLT

특수 아동을 둔 부모들에게 희망을 주기 위해 이번 장을 쓰고 싶다. 사실 오랫동안 질환을 앓고 있는 사람을 위해서다. 나는 17년이 넘도록 뇌성 마비, 자폐증, 다운증후군 등 아동 장애를 치유하러 다녔다. 2년 전부터 열매를 조금씩 보기 시작했다. 움직이기 어려워 보이는 것을 밀고 나아갈 때 확실히 더 강해진다. 뇌성마비 소녀의 극적 돌파가 있었고, 두 명의 자폐아가 치유되었다. 이러한 치유가 일어나서 진심으로 감사하지만, 더 많은 기적이 필요하다.

특수 아동을 돌보는 동안에 희망 없는 것이 어떤 기분인지 잘 알게 되었다. 또한 이러한 상황에 처하면 주위 사람들에게 잊혀지기

쉽고, 사람들은 대부분 도움의 외침을 외면하기 십상이다. 지속해서 예수님께 초점을 맞춰야 한다. 나는 모든 답을 갖고 있지 않다. 그러나 예수님께 집중하면 결국 모든 것이 풀릴 것이다.

나의 아내 리즈는 아내이자 엄마로서 손색이 없을 정도로 훌륭하다. 우리는 함께 특수 아동을 치유하는 여행을 했는데, 리즈는 주로 어린이들을 돌봤다. 그 당시에 나는 밤낮으로 쉬지 않고 전 세계를 다니며 설교했다.

나는 마지막 기도의 간증을 나누고 싶다. 이 간증이 특수 아동을 가진 부모, '불치'병 진단을 받은 사람들에게 희망을 풀어놓을 것이다.

포기하지 말고 우리의 상이신 예수 그리스도에게 초점을 맞춰야 한다. 나는 때로 낙심하거나 희망이 사라졌다고 느껴지는 순간이 있다. 내가 진리보다는 현실에 오랫동안 집중했기 때문이다. 예수님이 하신 일에 기반을 두기보다 일어나지 않은 일에 초점을 맞추고 있었다.

희망이의 기적은 2012년 3월에 일어났다. 그리고 14장의 집필 시점은 2013년 3월이다. 나는 희망이네 가족이 경험하고 있는 돌파를 정기적으로 업데이트한다. 열 살 희망이의 간증이 힘든 환경에 처한 독자들에게 용기와 힘이 되기를 바란다. 그리하여 독자들도 희망이처럼 주변 사람들에게 소망을 전할 수 있기를 바란다.

2001년 9월 8일, 희망이가 태어났다. 희망이는 다섯 살 무렵 자폐증의 일종인 '아스퍼거 증후군'을 진단받았다. 그날부터 우리는 기도했다. 의사와 상담하고 전문 치료사도 만나고 관련 서적도 읽는 등 자폐아 치유와 관련해 우리가 배운 것을 모두 시도해 보았다. 그러나 차도가 없었다.

2012년 봄, 크리스 고어 목사님이 사역하는 켄터키 치유 콘퍼런스에서 대반전이 일어났다. 당시 희망이는 열 살이었다. 내가 희망이 옆에 서 있을 때 크리스 목사님은 희망이를 위해 기도했다. 크리스 목사님은 내 머리에 손을 얹고 선포했다. "하늘의 평안을 풀어놓습니다." 그 순간, 평안이 내 몸에 흐르는 것이 느껴졌다. 평안이 밀려오면서 등줄기에 근육이 풀리는 것 같았다. 나는 희망이에게 크리스 목사님이 기도한 것처럼 간단히 기도했다. 손을 아이의 머리에 올리고 말했다. "하늘의 평안을 풀어놓습니다." 그때 아이가 나를 보고 말했다. "우리 맥도날드에 점심 먹으러 갈 수 있어요?"

그날 늦은 밤 콘퍼런스에서 나는 머리 위의 구름을 영으로 보았다. 하얀색 큰 손들이 구름에서 나왔다. 그 손들이 나의 뇌를 수술하고 있는 모습이 보였다. 나는 그것이 희망이의 뇌라는 사실을 알았다. 집에 도착하자마자 아이들의 방에 들어갔다. 잠들어 있는 아이들의 머리에 손을 얹고 기도했다. "주님, 콘퍼런스에서 사람들에게 행하신 은혜를 모두 풀어 주세요." 그리고 나는 그들의 부르심을 충만하게 불러일으켰다. 내가 희망이를 위해 그 기도를 했을 때, 성령의 바람이 방으로 불어 들어왔다.

다음날 아침 차를 타고 콘퍼런스 가는 길에 우리는 희망이에게서 악취가 난다는 것을 알았다. 정말 고약한 생선 악취였다. 우리가 콘퍼런스 장에 들어가자 등록 데스크의 여성이 말했다. "생선 샌드위치를 싸 온 분이 있는 것 같습니다." 희망이는 몇 주간 계속해서 생선 악취를 풍겼다. 주님께 생선 냄새에 관해 물었을 때 영으로 응답을 들었다. "나는 희망이를 해독하고 있다."

그 이후, 우리는 괄목할 만한 변화를 보았다. 희망이가 생에 처음으로 희망이에게 할당된 전문 치료사와 학교 편의 시설 등의 도움을 받지 않고 일반 학급에 들어갔다. 희망이의 점수는 이제 A와 B다. 사회적으로도 희망이는 많은 발전을 보였다. 희망이는 처음으로 밤샘 파티를 성공적으로 해냈다. 희망이의 친구들은 다음에는 더 오래 놀다 가도 되는지 물었다. 희망이는 세 살 남동생을 돌볼 수 있고 인내심을 갖고 다정하게 동생을 도와준다. 희망이는 공예품을 만드는 계획을 짜기도 하고 이웃집 아이들을 리드하기도 한다.

나이 불문하고 모든 사람과 정상적인 수준으로 의사 소통을 한다. 그동안 희망이는 온갖 비타민 보충제를 복용했지만, 지금은 복용하지 않는다.

최근에 나는 유모에게 우리 아이들 중에 발달장애를 갖고 있는 아이가 있는데 눈치챘는지 물었다. 그 문제를 가진 아이가 누구라고 생각하는지 물었다. 그녀는 엉뚱한 아이를 지목했다.

희망이도 자신에게 급진적인 차도가 나타나고 있다는 사실을 알고 있다. 희망이가 말했다. "엄마, 저는 빗소리와 천둥소리가 너무나 무서웠어요. 그런데 지금은 그렇지 않아요. 비가 내려서 가뭄이 끝날 것 같아요. 제가 여전히 별로 좋아하지 않는 번갯불도 번쩍거리며 나타나는데 금방 사라져요."

희망이는 자신의 치유를 깨닫고 기쁨의 눈망울과 환한 미소로 행복한 날들을 보내고 있다. 우리는 문을 열고 내리는 비와 번쩍거리는 번개를 바라보았다. 이 특별한 시간을 서로의 팔짱을 끼고 감사했다.

아스퍼거 증후군은 희망이와 더 이상 아무 관련이 없다. 희망이는 아스퍼거 증후군을 정의하는 그 어떤 행동도 보이지 않는다. 희망이는 사람들과 잘 어울리며, 재치와 기쁨으로 충만한 자신과 타인을 인지하게 되었다. 마치 막혀 있던 무언가가 풀린 것 같다. 희망이가 살고 싶어 하는 삶이 나타나고 있다. 그리고 하나님이 빚으시고자 했던 희망이의 인격도 나타나고 있다. 하나님은 치유의 희망이시다.

15
자주 묻는 질문

내가 자주 받는 질문에 관해서도 쓰고 싶었다. 대부분의 콘퍼런스에서 똑같은 질문을 받기 때문이다.

Q. 누군가를 위해 기도했지만, 아무 일도 일어나지 않았다. 왜 그들은 낫지 않았을까?

가장 흔하게 받는 질문이다. 첫째, 나의 핵심 가치관 중 하나는 '기도 후 아무 일도 일어나지 않는 것은 불가능하다'는 것이다. 우리는 사랑해야 할 의무가 있다. 우리의 기도 대상은 사람이지 목적이 아니다. 우리가 그들을 사랑한다면 그들은 예수님과 만날 수 있다. 둘째, 누군가를 위해 기도해 준 후 많은 피드백을 받았지만, 그들에게 아무 일도 일어나지 않는 것 같다. 그렇지만 며칠, 몇 주, 심지어 몇 년 후에 도착한 소식을 통해 뒤늦게 기적이 일어났다는 사실을 알게 된다. 누군가를 위해 기도한 사람은 자신의 노력이 열매 맺는 것을 전혀 모를 수도 있다. 내가 9개월 넘도록 기도해 준 어린 소녀가 극적으로 치유되었다는 소식을 이번 주에 받았다. 그전까지 기적이 일어났다는 사실을 전혀 몰랐다.

Q. 기도 대상자가 치유되지 않은 것이 확실한 경우, 그들은 왜 치유되지 않은 걸까?

나는 돌파가 보이지 않는 사람들의 정당한 몫을 위해 기도한다. 기적이 일어나지 않는 것에 대하여 나만의 이론을 그럴듯하게 만들어낼 수도 있다. 그러면 결국 경험을 복음의 수준에 맞추지 않고, 도리어 복음을 경험의 수준으로 끌어내리고 만다. 어째서 기도 대상자들이 모두 치유되지 않는지 모르겠다. 그러나 나는 모두를 치유하는 것이 하나님의 뜻과 마음이라는 사실을 안다. 예수님은 그분께 오는 사람들을 예외 없이 치유하셨다. 치유 사역에는 미스터리가 있지만, 그것이 나를 막지 못할 것이다. 나는 예수님이 지불하신 모든 것을 따라갈 것이다.

나는 치유되지 않은 사람들을 결코 정죄하지 않을 것이고, 하나님을 비난하지도 않을 것이다. 그분이 하늘에 앉아서 치유할 자를 고르고 있지 않기 때문이다. 모든 사람의 치유를 위해 2천 년 전에 대가가 지불되었다. 이 문제에 또 한 명의 사람이 있다. 바로 나다. 그러나 나는 결과 부족으로 자학하지 않을 것이다. 아픈 자의 치유를 보는 것이 내 불의 연료가 된다. 누군가가 치유되지 않는 것을 보는 것 또한 내 불의 연료이며, 이로 인해 나는 질병을 더욱 쫓아간다.

Q. 돌파가 일어나고 있지만 더 많은 돌파를 보기 원한다. 어떻게 하면 치유 사역에서 더 많은 돌파가 일어날 수 있을까?

이것은 여러 가지로 답할 수 있다. 나는 광범위한 목록은 아니지만 몇 가지 주요 포인트 목록을 만들었다. 어느 정도의 돌파를 하는 사람들은 많다. 그리고 우리 모두가 그렇듯 그들도 더 많은 돌파를 원한다. 하지만 그들은 기적이 일어나는 것을 보면서 감사하지 않는다. 팔과 다리가 자라나는 기적을 원하면서, 노인의 두통이 치유된 것을 보고는 감사하지 않는다.

첫째, 작은 시작을 멸시하면 안 된다. 우리는 절대적으로 감사하는 삶을 살아야 한다. 더 극적인 기적이 일어나고 있을 때도 우리는 큰일 뿐 아니라 작은 일에도 경외하는 자리에 머물러야 한다. 언제나 작은 기적들이 나와 함께한다. 나는 영원토록 감사할 것이다. 큰 기적이든 작은 기적이든 그중에 내가 할 수 있는 것은 없었다. 전적으로 내 안에 계신, 나를 통한 그분의 은혜였다. 그분 없이 나는 아무것도 할 수 없다.

둘째, 나는 나보다 더 큰 기적을 보는 사람들 주변에 있으려 한다. 그들에게 질문하며 배우고, 그들의 기운 가운데 있기 위해서다. 그래서 나는 벧엘교회 설교자들을 위해 운전을 한다. 차 안에서 그들과 함께할 수 있기 때문이다. 그들과 대화하고 배울 기회를 찾아 사방으로 날아다녔다. 이렇게 시간과 비용을 아끼지 않은 결과 많은 것을 배울 수 있었다.

셋째, 당신은 그러한 사람들과 사역 여행을 할 수 있는지 확인해 보라. 2006년에 나는 랜디 클락과 인도에 갔다. 그리고 내 삶에 새로운 절정기가 찾아왔다. 이후 나도 다른 사람들을 데리고 사역 여행을 갔다.

넷째, 그분의 사랑과 인격과 성품에 대하여 더 큰 계시를 받고 그분의 선하심으로 나 자신을 더 채울수록 많은 돌파가 일어난다. 그러면 더 큰 믿음이 생긴다.

다섯째, 겸손한 삶을 살라. 낮은 곳에 거하고 초심을 잃지 마라. 나는 배워야 할 것이 여전히 너무 많다. 모든 것을 안다거나 정상에 도달한 것처럼 행동하지 말고 늘 배우는 학생의 자세를 지녀라.

Q. 내 기도를 받은 사람들이 치유되었다. 그런데 얼마 지나지 않아 그들의 상태가 다시 악화되었다. 왜 그럴까?

첫째, 하나님은 치유자다. 그분은 치유하지 않는 분이 아니다. 우리는 그분이 어느 날은 치유하고, 어느 날은 치유를 취소하시는 분이 아니라는 것을 잘 알고 있다. 예수님은 생명을 주시되 더 풍성히 주려고 오셨지만, 원수는 죽이고, 도둑질하고, 멸망시키려고 왔다 (요 10:10). 원수는 가능한 한 당신에게서 모든 것을 훔치려 한다.

치유에는 책임이 따른다. 그런데 치유받은 자들은 책임지지 않고 받은 것을 관리하지 않는다. 일례로, 나쁜 생활 습관과 비만 때문에 당뇨병에 걸린 환자가 하나님의 능력으로 치유될 수 있다. 하지만 이제부터 스스로 관리해야 한다. 당뇨의 치유는 불량 식품을 탐하는 생활방식에 대한 승인이 아니다. 우리 몸을 잘 관리하고 다루어야 한다.

지나치게 과업 지향적이어서 하나님의 은혜를 이해하지 못하는 사람들이 있다. 어떤 사람은 시력을 극적으로 치유받고 며칠 후 다음과 같이 속삭이는 소리를 들었다. "너는 치유받을 자격이 없어. 그렇지?" 그는 이것을 주님의 음성으로 생각하고 동의했다. 그리고 자격지심이 들기 시작했고, 몇 시간 후 시력을 다시 잃고 말았다.

은혜는 값없는 호의다. 그럴 만한 자격이 없는데도 받는 것이 은혜라고 한다. 나는 이러한 정의가 상당히 부정적이라고 생각한다. 우리가 받아 마땅한 것을 예수님이 갖고 계시며, 예수님이 받아 마땅했던 것을 우리가 가질 수 있다.

만일 그런 음성이 들린다면, 당신이 받은 것을 빼앗으려는 도둑의 속삭임이라는 사실을 잊지 마라.

Q. 세상에는 아픈 사람들이 매우 많다. 하나님이 치유하시기를 원하는 사람이 누구인지 어떻게 알 수 있는가?

하나님은 아픈 자들이 그분의 치유하시는 손길을 경험하기 원하신다. 치유에 대한 하나님의 뜻에 대하여 지식의 말씀이 굳이 필요하지 않다. 이것은 2천 년 전에 결정된 일이다. 지식의 말씀은 훌륭한 수단이지만, 하나님의 치유 여부를 가르는 결정적 요소는 아니다.

Q. 모든 그리스도인이 치유 사역의 부르심을 받았는가?

예수님은 치유자이신가? 우리는 그리스도인으로서 하나님의 집에 살고 있는가? 그렇다면 나의 답은 분명히 "그렇다"이다. 그러나 대부분의 사람이 경험과 열매가 부족해서 하나님이 자신들을 사용하고 싶어 하지 않으신다는 결론에 도달한다.

어느 날 밤, 예배 후 어느 목사님의 딸이 내게 말했다. "하나님은 저를 치유자로 사용하기를 원치 않으십니다." 나는 왜 그렇게 생각하는지 물었다. "제가 전에 병자를 위해 기도했지만 그들은 치유되지 않았습니다."

나는 답했다. "내일 밤 사람들을 위해 기도할 예정입니다. 당신은 제 사역팀에서 그들을 치유할 것입니다." 그녀는 창백한 얼굴로 돌아갔다. 치유 사역을 하지 않으려고 변명을 생각해 내는 듯했다. 하지만 다음 날, 그녀는 예배에 모습을 드러냈다.

예배 후, 첫 번째 사람이 내게 기도 요청을 했다. 나는 그녀에게 말했다. "그를 치유하세요."

그녀가 나를 외계인 보듯이 쳐다보며 말했다. "무엇을 어떻게 해야 할지 모르겠습니다."

"저도 그렇습니다. 일단 그의 이름과 문제가 무엇인지 물어보는 것이 좋을 것 같습니다." 그 여성은 한쪽 다리가 다른 쪽 다리보다 최소 1인치 정도는 짧았다. 그래서 절뚝거리며 걷고 있었다. "그를 앉게 하고 쳐다보세요."

그녀는 공포에 질린 듯이 나를 쳐다봤다. "어떻게 해야 하죠?"

"다리에 대고 자라나라고 선포하는 것이 좋을 것 같습니다."

그녀는 다리를 보고 말했다. "자라나라!" 그러자 짧은 다리가 다른 한쪽 다리 길이에 맞춰 순식간에 쑤욱 자라났다.

목사님의 딸은 바닥에 엎드린 채 흐느껴 울었다. 자신이 거짓을 믿고 있었다는 계시를 받았기 때문이다. 또 그녀는 하나님이 자신을 사용하기 원하신다는 진실을 깨달았다. 나는 잠시 그녀가 바닥에서 울도록 둔 다음에 말했다. "잘했습니다. 저를 기다리는 사람들의 줄이 꽉 찼습니다. 똑같은 방법으로 그들을 치유하시기 바랍니다. 그리고 끝날 때 제게 말해 주십시오. 저는 앞줄로 가서 엎드려 있겠습니다. 내 모습이 기도하는 것처럼 보여서 사람들이 방해하지 않을 것입니다. 오늘 밤 이 사람들을 치유하는 것은 당신의 몫입니다."

한 시간 후에 내게 와서 기쁘게 말했다. "무슨 일이 있었는지 아세요? 오늘 밤 제가 기도해 준 사람들이 모두 치유되었어요." 그녀는 행복해서 어쩔 줄을 몰라 했다.

그렇다. 하나님은 그리스도인을 사용해 병자를 치유하기 원하신다. 안전지대 밖으로 나가서 어린아이 같은 믿음으로 쓰임받고 하나님을 하나님 되게 하는 것은 우리 자신의 의지를 초월한다.

Q. 누군가와의 기도를 어떻게 끝마칠까?

나는 사람들에게 치유받을 때까지 기도하라고 말한다. 그렇지 않으면 치유받지 못할 것이며. 부족함으로 기도하는 자신을 발견할 것이라고. 치유받지 못해도 정죄가 아닌 용기의 자리, 열린 문으로 나아가 더 많은 사역을 받도록 기도 대상자들을 이끄는 것을 나는 언제나 확실히 하고 싶다.

Q. 교회에서 어떻게 치유 사역을 시작하는가?

매년 목회자들과 교회 리더들을 위해 레딩의 치유학교에 간다. 나는 그들에게 같은 것을 말한다. "당신은 학교에서 또는 이 책에서 배울 수 있습니다. 그러나 당신은 담임 목사님에게 돌아가서 그분이 하는 것이 모두 틀리고 변화해야 한다고 말하면 안 됩니다."

몇 년 전에 한 커플이 내게 말했다. "저희 담임 목사님은 저희가 교회에서 병자를 위해 기도하는 것을 원치 않습니다. 저희는 이 교회에 부르심을 받았다고 믿고 있습니다."

나는 답했다. "그렇다면 돌아가서 그분의 비전을 섬기는 것이 좋겠습니다." 그 목사님은 그들이 벧엘교회에 있다는 사실을 알았고, 그들이 돌아와서 치유 사역을 할까 봐 걱정하고 있었다. 그들은 교회로 돌아가서 담임 목사님의 비전을 신실하게 섬겼다.

얼마 지나지 않아 그 목사님은 그들의 마음에 큰 감동을 받고 말했다. "치유에 관심 있는 사람들과 함께 작은 홈 그룹을 시작하는 것이 어떻겠습니까?" 목사님이 그들에게 예배 후 교회에서 작은 그룹으로 사람들을 위해 기도할 것을 제안했다. 목사님이 내게 이메일을 보내왔다. "저는 그들이 벧엘교회에서 목사님께 무슨 말씀을 들었는지 모르겠습니다. 그 내용이 무엇이든 감사의 마음을 전하고 싶습니다. 그들은 벧엘교회에서 돌아와 진심으로 제 사역을 섬깁니다. 요즘 그들은 교회에서 규모 있는 치유 사역을 인도하고 있습니다."

나는 사람들에게 말한다. "당신이 힐링 룸의 문을 여는 위치에 있지 않다면 당신은 이동식 힐링 룸입니다. 그리스도가 당신 안에 살고 계시기 때문입니다. 교회 밖으로 나가서 사람들을 치유하십시오. 그러면 주위 사람들이 당신의 열매를 볼 것입니다."

힐링 룸 여는 것에 관심이 있다면 워싱턴 스포캔의 IAHR International Association of Healing Room: 약 100년 전 잔 G. 레이크가 치유 사역을 위해 설립. 당시 가장 질병이 없는 도시라는 미국 정부의 발표가 있었다. 현재 칼 피어스 목사가 사역을 이어가고 있다. -역자주에 있는 많은 자원이 당신의 여정을 도울 수 있다.

결론

이 책에서 쓸 수 있는 주제들은 많다. 이 책은 치유 사역에 대해 자세하게 다룬 종합서다. 치유 사역은 여전히 미스터리하고, 우리는 미스터리의 긴장 속에서 기꺼이 살아야 한다. 내가 말하고 싶은 것은 '치유의 마음'이지 원칙 리스트가 아니다. 하늘나라는 '안식'으로 역사한다. 우리가 예수님이 값을 치르신 것 가운데 안식할수록, 그분이 지불하신 모든 것을 더욱 추구하고 따라갈 수밖에 없다.

정말이지 우리가 얼마나 사랑받고 있으며 그분이 세상을 얼마나 사랑하시는지에 대한 계시가 임하면, 우리 안에서 무언가 일어나 그분을 전하게 된다. 우리가 단순히 모여 교회를 이루고 가만히 앉아 아무것도 하지 않기에는 예수님이 너무 값비싼 대가를 치르셨다. 나는 예수님을 위해 계속해서 밝게 불타오르고 싶다. 성도들이 일어나 그분 안에 있는 우리 그리고 우리 안에 계신 그분에 대하여 더 깊은 계시로 나아가기를, 교회가 깨어나 성령의 능력을 실제로 나타내기를 간절히 소망한다. 그러면 도시, 국가, 전 세계가 변화될 것이다.

마음을 바르게 하자. 우리 자신을 잊고 하나님의 선하심에 휩싸이자. 하나님께 마음을 쏟고 그분을 더욱 알기 위해 힘쓰자. 그러면 초자연적 현상들이 저절로 일어나고, 열방이 예수님께 나아갈 것이다.

하나님 나라의 메시지가 힘 있게 전진하고 열방이 변화될 것이다.

간증을 환영한다. 크리스 고어 Chris Gore 의 페이스북 페이지 또는 www.kingdomreleasers.org 사이트에 방문해 초자연적인 치유의 돌파를 나누기 바란다.

16

치유 부흥사의 핵심 가치

나는 벧엘교회의 치유 사역 이사다. 이 책을 집필하던 당시 내게는 많은 치유 사역자가 있었다. 주일 아침마다 900명의 힐링 룸 사역자들이 팀을 이뤄 평균 270명에게 사역하고 있었고, 스카이프Skype로 일하는 50명, 그리고 400명이 넘는 기도 사역 팀원들도 있었다. 이외에 나는 전화로 전 세계 각지의 사람들을 위해 기도하는 팀의 목사를 감독한다. 너무 아파서 힐링 룸 또는 교회를 찾아오지 못하는 사람들을 찾아가 기도하는 치유 봉사 활동팀, 죽은 자의 부활을 믿는 *생명 소생팀을 감독한다(*모두가 하나님의 시간에 죽는 것은 아니다). 전 세계에서 치유 콘퍼런스를 하는 것이 나의 기쁨이다. 매년 레딩에서 '벧엘 치유학교'를 운영하고 전 세계를 다닌다.
　몇 년 전, 내 삶의 핵심 가치 목록을 적어야 한다는 생각이 들었다. 강의하면서 핵심 가치들을 몇 차례 언급했더니 이메일로 사본

요청을 받기도 한다. 핵심 가치는 내게 매우 중요하다. 성도들의 삶과 치유 사역이 진실하기를 바란다. 일어난 사실을 꾸밀 필요가 없다. 당신은 핵심 가치에 힘입어 하나님의 부르심에 진실할 수 있다. 목록에 또 다른 항목을 추가할 수 있다. 이것은 치유에만 국한된 것이 아니라 하나님 나라에 대한 것들을 전반적으로 포괄하고 있다. 각 요점을 짧게 요약했다. 참고하여 당신만의 목록을 개발하기 바란다.

나는 언제나 자녀다(마 6:9).

그 어느 것도 정체성을 목표로 하지 마라. 나는 무엇이든 내 정체성으로 인하여 한다. 많은 교회가 자신들이 하나님의 아들과 딸이라는 사실을 모른다. 우리는 하나님의 사랑받는 아들과 딸일 뿐만 아니라 왕 같은 제사장이다(벧전 2:9).

충만한 결실은 아버지와의 친밀함에서 흐른다.

원칙대로 하면 항상 어느 정도의 열매는 있다. 그러나 아버지와의 친밀함, 아버지의 임재가 놀라운 추수를 일으킨다(요 15:4).

열매를 얻기 위해 고투할 필요는 없다.

열매를 맺기 위해 노력하는 사과나무를 본 적이 있는가? 내가 누구인지를 알고 내가 하나님께 사랑받는다는 사실을 아는 것이 충만한 결실을 맺게 한다. 그분이 나를 지극히 사랑하신다(요일 4:19). 내 안에 그분이 계시고 내가 그분 안에 있다.

하늘에서와 같이 땅에서도

하늘에 질병이 존재하는가? 그렇지 않다면 이곳에서 질병을 참을 필요가 없다. 질병은 결코 하나님으로부터 나지 않기 때문이다(마 6:10).

기적

기적은 복음이다. 만일 기적을 선택 사항으로 간주한다면, 복음을 업신여기는 것이다(롬 15:19).

하나님의 주권

능력 또는 결실의 부족함은 하나님의 주권 탓이 아니다. 부족함은 하나님의 것이 아니다.

능력과 진실함

나는 내가 행하는 능력이 나의 진실함과 인격을 가리지 않도록 기도한다.

무능력한 삶은 필요 없다.

내 경험은 성경과 예수님의 기준에 일치해야 한다. 다른 어떤 것

도 비성경적이다. 나의 기준을 부족한 경험에 기반하여 낮추지 않을 것이다.[1]

나는 사람들에게 100퍼센트 성공적으로 사역한다.

성공은 하나님이 내게 주신 특별한 선물이다. 눈에 보이는 결실의 여부와 관계없이 내가 사랑했다면 성공한 것이다.

하나님은 선하시다.

지금까지 세계적인 교회들이 열방에 진노하신 하나님의 이미지를 품어 왔다. 이와 달리, 하나님은 세상을 너무나 사랑하신다(요 3:16). 우리는 전 세계를 전도하면서 하나님과 올바르게 살지 않으면 지옥불에 태워지고 말 것이라는 메시지를 전해 왔다. 그러면서 우리는 왜 그들이 하나님을 만나러 교회에 오는 것을 두려워하는지 의문을 가진다. 지옥은 존재할까? 분명히 있다. 그러나 중요한 것은 하나님의 선하심이 사람들을 회개로 인도한다(롬 2:4).

그분의 생각이 우리보다 낫다. 우리는 사고방식을 바꿔야 한다.[2] 하나님의 선하심에 기반한 문화를 세우라. "너희는 여호와의 선하

---

[1] "예수님은 자신에게 나아오는 자들을 모두 치유하셨다. 다른 기준을 받아들인다는 것은 성경을 우리의 경험 수준으로 낮추는 것이며, 변하지 않는 분의 성품을 부정하는 것이다."
《하늘이 땅을 침노할 때》 중에서

[2] "그분은 우리가 생각하는 것보다 훌륭하시다. 그러므로 우리의 사고방식을 바꾸자."
빌 존슨 《하나님을 얼굴로 보리라》 중에서

심을 맛보아 알지어다 그에게 피하는 자는 복이 있도다"(시 34:8).

내가 그분의 선하심을 선포할 때 그분은 항상 나타나신다. 2008년도에 그분의 선하심을 선포하면 그분이 항상 나를 통해 선하심을 나타내실 것이라고 말씀하셨다.

나는 언제나 그분의 선하심에 닻을 내릴 것이다. 나의 상황이나 환경이 그분의 선하심을 결정짓지 않을 것이다.

간증의 문화를 확립하라.

그분의 선하심을 간증하고 축하하며 살라. 간증의 능력을 이해하라(계 19:10, 시 119:111). 사랑으로 기도하면 반드시 일이 일어난다.

항상 어린아이와 같아라.

나는 언제나 초심자이고 싶다. 만일 내가 내 일에 전문가가 된다면, 하나님이 내게 은혜를 위임하실 필요가 없을 것이다.

뿌리고 거두기

병자가 치유될 때 내가 영광을 받으면 안 된다. 병자가 치유되지 않는 것은 나의 부담 또는 책임이 아니다. 내가 씨를 뿌리면, 쟁기가 항상 씨앗을 따라온다.

열린 하늘

내가 가는 곳에 하나님이 가신다. 그때 하나님은 선하신 분이시므로 선한 일을 행하신다(사 64장, 막 1장) "너희 안에 계신 그리스도시니 곧 영광의 소망이니라"(골 1:27).

그분께서 해야 할 특별한 일이 있는 것처럼 열린 천국을 구하지 마라. 나는 마지막 때의 늦은 비를 위해 기도할 것이다.

부흥이 되라.

그분께서 해야 할 특별한 일이 있는 것처럼 부흥을 하나님께 구하며 기다리기보다, 부흥이 되라. 나는 걸어 다니는 부흥이다(행 12장). 베드로의 가족은 베드로의 석방을 간구하고 있었다. 그러나 베드로는 이미 감옥에서 나왔다. 베드로가 감옥에서 나온 후 문을 두드릴 때 그들은 이 소식을 전한 여자아이에게 말한다. "너는 제정신이 아니다. 우리가 베드로의 석방을 위해 기도하고 있다. 베드로일 리가 없다." 당신 자신이 이미 걸어 다니는 부흥이라는 사실을 모르기 때문에 부흥을 위해 기도하고 있는가? 부흥이 문을 두드리고 있다. 부흥의 불이 타오르게 하자!

부흥은 가족이다.

우리가 세상을 이기고 우리 가족을 잃어버리면 무슨 유익이 있겠는가?

존중의 문화

하나님이 사람들을 어떻게 보시는지 이해하라. 하나님이 사람들을 대하시는 것처럼 그들을 대하라. 존중의 문화는 가장 높은 자리에서 시작해 낮은 자리로 내려온다. 나는 하나님의 시각으로 모든 사람을 보려고 노력한다. 그리고 내가 대접받기를 바라는 것과 같이 그들을 대접한다. 그들의 은사와 부르심을 존중하라.

사람들을 존중하는 것을 배울 때, 내 마음은 누구보다 가장 낮은 위치에 거한다.

기쁨의 문화

의, 평안, 기쁨은 내적 일이다. 외부 환경이 기쁨을 결정짓지 않는다.

나는 절대 판단하지 않을 것이다.

판단하는 자리는 결코 내가 있어야 할 곳이 아니다. 내 역할은 사랑하는 것이다.

모든 사람에게 위임하는 문화

교회의 모든 사람이 예수님의 일을 위임받았다. 모든 사람이 중요하다.

아버지의 마음 이해하기

치유는 언제나 하나님의 뜻이다. 그분은 결코 질병을 만들거나 허용하지 않으신다. 하나님은 오직 그분이 갖고 계신 것을 주신다. 질병은 인격 형성에 기여하지 않는다(참고. 히 1:3).

우리가 치유에 대한 하나님의 뜻이 한결같지 않다고 생각한다면, 어떻게 그분의 치유를 기대하며 병자들에게 나아갈 수 있겠는가? 나병환자에게 예수님이 말씀하신다. "내가 원하노니"(마 8:3).

감사의 문화

감사는 언제나 왕국을 확장한다(마 15:36-38).

그분의 은혜에 의지한다.

"이제는 내가 사는 것이 아니요 오직 내 안에 그리스도께서 사시는 것이라"(갈 2:20). 이것은 은혜다. 우리는 그리스도 없이 아무것도 할 수 없다.

자유의 문화

나는 자유의 문화로 부흥을 결정하고 좌우하는 위치에 서지 않을 것이다. 내가 그 자리에 서면, 부흥 전문가라 자처할 것이다. 그러면 아이러니하게도 부흥을 놓칠 가능성이 가장 커진다. 자유의 문화에는 항상 혼란이 있다. 우리가 깨끗하게 정리·정돈할 준비가 되어 있는 만큼 큰 혼란을 일으킬 수 있다.

하나님의 타이밍

오늘은 구원과 치유의 날이다. 하나님의 타이밍으로 2천 년 전, 예수님이 십자가에 달리셔서 "다 이루었다"고 말씀하셨다.

하나님은 우리의 믿음 때문에 치유하시지 않는다.

믿음은 하늘의 통화(通貨)다. 하나님이 우리를 치유하시는 것은 우리의 믿음 때문이 아니다. 우리를 사랑하시기 때문이다.

내가 기도해 주는 사람들에게 사랑의 만남이 있을 것이다.

복음은 능력이요 사랑이다. 결코 능력 없는 사랑, 사랑 없는 능력이 아니다.

치유받지 못한 그 누구도 정죄감에 빠지게 하지 마라.

치유받지 못한 것은 나 또는 그들의 믿음 때문이 아니다. 언제나 용기로 사람들을 북돋고 "믿기만 하라"는 속박 가운데 있게 하지 마라.

더 많은 것을 받는 비결

"주라, 그리하면 받으리라"(눅 6:38). 더 많은 것을 원한다면 당신이 가진 것을 베풀라. 나의 임무는 나누며 훈련하는 것이다. 그리고 가능한 많은 사람을 위임하고 터치하고 사랑하는 것이다.

꿈을 이루라.

나는 내 꿈을 이루고 다른 이들의 꿈을 위해 도우며 살고 있다고 생각한다.

예언적 음성

나는 예언하면서 사람들의 고귀한 것을 드러내는 역할을 한다. 결코 더러운 것을 드러내지 않을 것이다. 사람들은 이미 자신들의 허물을 알고 있다. 그들이 어째서 그것을 보완하기 위해 나를 필요로 하겠는가? 더러운 것을 예언하기 위해 깊은 분별력은 없어도 된다. 그러나 사람들에게서 고귀한 것을 찾으려면 하나님의 관점을 가진 누군가가 필요하다.

관대함

관대해지는 것을 포기하기 전에 내 삶의 기준을 내려놓을 것이다. 나는 언제나 관대하게 살 것이다.

유산

나는 먼 훗날의 세대를 위해 유산을 세우고 있다. 세대들 간의 계시가 사라지지 않을 것이다.

Walking in Supernatural Healing Power